U0016000

輕鬆有效的
魚式游泳

Extraordinary Swimming for Every Body

泰瑞·羅克林（Terry Laughlin）◎著

項國寧◎譯

作者序

為何人人都能練就非凡泳技

　　我在1989年7月，首次以「完全沉浸」（Total Immersion, TI）教學法開班收了6位成人學生，當時只有一個卑微的心願：每年夏天抽幾個禮拜，做我最喜歡的游泳教學，也就是傳授泳技。當時之所以以成人為對象，是因為年輕的朋友一年到頭都有各式各樣的游泳班和訓練營可以報名，成人則無。

　　我很快就發現，教成人游泳比教年輕人更具挑戰性。年輕人看來漫不經心，但很快就自然跟上進度。成年人的學習動機固然很高，但他們常常碰到以下幾種挫折，使得他們的決心容易受到打擊：

> （1）過去多年來養成頑固又低效率的動作習慣——我稱之為「掙扎泳技」——一直揮之不去
> （2）在水中無法自由自在，有的人一下水就動作笨拙，有的人內心有很深的恐水症
> （3）關節僵硬，肌肉甚少操練
> （4）泳技荒廢多年
> （5）肌肉缺乏運動感

　　現在回想起來，我當初決定以成人為教學對象，其實極為幸運。從某個程度來說，TI訓練班已成為我們重新學習某些已退化行為過程中，克服挑戰的「實驗室」。過去這段時間，我們發現雖然在學習游泳這

件事上所要面對的困難都差不多，但克服的方法卻相當簡單。

我找到答案的辦法，就是仔細觀察有天分的選手如何游泳，那些極少數的幸運者在水中的優雅幾乎是與生俱來的。我從十幾歲的時候就知道自己沒有這種天分，但從那時起，便以高度的好奇心和少許忌妒心，密切地觀察那些選手。在教年輕人或學校游泳校隊的時候，便專注於研究如何將這些選手的「天分」轉化為可傳授的教材。換句話說，如何讓一般人也可做到這些選手的動作？或許我們沒有他們那種修長、有力、靈活的身體，或是他們豐沛的肺活量，但至少我們可以學習他們的動作。因此我將這些觀察化為簡單的教材，讓一般學生（我自己就是其中之一）也可從書本、光碟或有經驗的教練身上習得泳技。

我愈來愈覺得，我們在水中的許多本能動作——我們自認為在水中應該如何推水、踢水、換氣等姿勢——其實更強化了我們與生俱來的笨拙；而讓我們能在水中優雅前進的泳技，則都是反本能而行之的。換句話說，我們自認對游泳的瞭解，可能很多是錯誤的。

我們最根本、也是最普遍的誤解，就是將游泳當

做是一種健身活動，也就是說我們認為游得愈久、愈用力，泳技就愈進步。實際上，數千名TI學生的累積經驗告訴我們，在水中獲益最大的時候，其實是你最專注於訓練神經系統的時候，心肺功能的增強只是隨之而來的附加效果。

這種訓練方法的好處，在於學習泳技時有一個明確的訓練目標，而心肺功能的改善則是不學自來。反過來說，如果全神貫注於增加心跳、拉長泳距，或是和碼表競賽，你的神經系統未必能得到它應有的訓練，若是以改善動作為目標，試圖與水建立起良好的關係，也就不至於將游泳視為一次次沿著分隔線前進的無聊、枯燥的運動。

最後，對年齡漸長的泳者來說──這是所有泳者難逃的自然法則──以泳技為基礎的論點最具說服力之處，就是我們的心肺功能在30多歲時達於顛峰，但我們改善肢體動作的能力可以延續到70歲以上。同樣地，若訓練方法正確，自我的意識能力和「肌肉智慧」亦可逐年俱增。此外，在陸地上，體格的天賦有不可否認的優勢，但在水中，影響技巧的最重要因素則是自我的意識。

我要說的重點是，如果你已不再年輕，也自覺不

夠身強體壯，或認為自己天生不是游泳選手的料，這些讓游泳看來比陸上運動還困難的因素，其實正是你經過正確方法學習，反而可以做到在水中優雅前進，滿足感提高的有利條件所在。換句話說，卓越泳技，人人可學。

另一方面，輕鬆有效的游泳方式對有經驗或成績甚佳的泳者來說，也可帶來新的刺激。為了健康或健身而游泳的人，經此學習過程，會讓你覺得游泳的每一分鐘都很值得；一心追求速度的泳者也可從本書中找到實用的角度。我的目標就是讓使用本書的每位讀者都能成為「專家」，瞭解人體在水中的反應，並藉此讓自己成為做夢都想不到的游泳高手。

《輕鬆有效的魚式游泳》這本書是我們教了數千名各式各樣、亟欲改善泳技者的成果，也是我們這些教師自己經過無數時間體會的成績。我們於2005年8月，在紐約州的紐巴茲市（New Paltz）開設了TI游泳室；不受氣候影響的室內泳池讓我們可以每天進行教學活動，再加上「無邊泳池」的設計（譯註：無邊泳池，Endless Pool，一種小型泳池，以馬達驅動水流，泳者雖在定點游泳，但因水流的關係，如同前進），可以近距離觀察和指導學生的動作，以上種種都加速了我們在教學上的成長。

過去這幾年，陸續有數十位游泳教練在游泳班、學校、會館、俱樂部等地採用TI教學法，也互相分享教學心得。從2004年起，我們也持續在紐巴茲當地訓練一些年輕的泳者。而本書就是結集了所有這些訓練的經驗。

最後，這本書得助於數千名TI泳者，尤其是在TI網站的留言板上發表心得、提出問題、建議與鼓勵的人。如何讓游泳更具滿足感和成就感，這些人貢獻良多。目前TI泳者是按照本書教學法來游泳的少數先鋒，我期盼未來能有更多人加入我們的行列。

《輕鬆有效的魚式游泳》分成以下四個部分：

第1章至第3章在探討人類游泳時所面臨的問題和挑戰，並陳述克服游泳障礙的知識、態度和習慣。

第4章至第10章則說明有效率游泳的原則，身體如何與水互動，如何將第1章至第3章的知識運用在游泳上。在過去TI書籍中我曾講解過類似的技巧，這幾章將提供更新、更詳盡的資訊。

第11章至第14章分別以單章介紹蝶式、仰式、蛙式、捷式（自由式），說明不同泳技的學習與練習方法。此處介紹的教學法要比我們以往所談的更新、更

完整。

　　第15章至第19章專談如何將4種泳技訓練得更有效率、更熟練。

　　讀者可以直接閱讀第11～14章，以便在泳池中實地學習，而在其他時間閱讀本書其餘部分作為輔助；當然你也可以從前面概念的部分讀起，不管用那種方法，我們保證你的游泳都會愉快無比。

譯者序

　　游泳是種奇怪的運動，人人都知道游泳好，很少運動傷害，可以使各處肌肉均衡發展等等。但很少有人談游泳時會像談其他運動一樣眉飛色舞，大部分人聊到游泳，大概只說會不會游，水很可怕、很冷、換衣服麻煩等，然後就聊不下去了。

　　自己原來也是「大部分人」之一。新竹中學規定要游完25公尺才及格。此後30餘年，大概也一直停留在游25公尺的心理和生理階段。直到有一天發現，因為工作關係，肩頸腰背無一不痛，甚至下床都覺困難。醫師告訴我，這種情況非持續運動不能改善，而最好的運動就是游泳。於是我從箱底翻出早已棄置的泳褲，為了健康，開始游泳；這才發現，「游泳」與「會游泳」之間，竟有如此大的差距。在泳池中看別人悠遊自在，來去瀟灑，自己卻愈游愈累，肩頸腰背比未游以前還痠痛；終於發念立志，要學好游泳。

　　學游泳說來簡單做時難，尤其中年折節向學，更是不易。也曾拜師學藝，但天生駑鈍，學了半天，游起來仍只是掙扎二字。也曾博覽群籍，把店裡相關書籍都搬回自家書架上，依然不得要領。直到五年前，在亞馬遜網站上買到羅克林的《完全沉浸》（*Total Immersion：The Revolutionary Way to Swim Better, Faster, and Easier*）一書，才算找到諸般難題的解答。於是在泳池中，按照羅克林書上所說比劃比劃，居然有一點點起色。

　　第二年，我就報名參加一個在吉隆坡開的「完全沉浸」訓練班。當時幾位學員的家都在方圓兩公里

內，唯獨我的家在兩千公里之外。此次雖經長途跋涉，但終於能體會與水相處的享受和樂趣。

2005年夏天，我又報名參加了在紐約上州辦的TI訓練營，這回和羅克林晤面，我當面問他有沒有意思讓TI教材以中文問世；他雙眼發亮，說有兩個人的熱情和決心，一定做得成。羅克林說他正要開始撰寫最新著作*Extraordinary Swimming for Every Body*（非凡游技，人人可學），也就是《輕鬆有效的魚式游泳》的英文版。

羅克林有關游泳的著作有七、八本，其中《完全沉浸：游泳更好、更快、更簡單的革命性秘訣》（*Total Immersion：The Revolutionary Way to Swim Better, Faster, and Easier*）在1996年出版，迄今仍為最暢銷的游泳教材。他有一種特別的解說能力，能把夾纏不清的事說得條理分明。他也是一個身體力行的人，55歲的他仍經常參加三鐵比賽、成人泳賽，最精彩的是去年跳下赫遜河，參加環紐約曼哈頓島馬拉松游泳活動，以8小時的成績游完46公里。

我從為了健康而必須游泳，到現在為了享受游泳而游泳，中間受惠於TI及羅克林處甚多，於是想把有用的好東西介紹給大家。TI教學法讓初學者很容易上手，很快就可以體會游泳的樂趣。這並不表示一蹴即可魚躍龍門；游泳的技巧其實博大精深，要循序漸進，才會每天都有新的體會、新的進度、新的愉悅感和滿足感。

不過，我終究是個業餘游泳愛好者，翻譯此書必有許多貽笑大方之處，在這裡先向各位讀者致歉。此外，在視覺學習的新時代，羅克林準備了四種泳技示範的DVD，如果能對照此書來學習，效果會更快、更好。

　　此書中文版以「魚式游泳」為名，可能有讀者誤會，以為在蛙、蝶、仰、捷四式之外，又新創了「魚式」。作者羅克林認為，所有的泳技都應該平順、輕鬆、有效率，人水合一，就像魚兒水中游一樣，所以稱之為「魚式游泳」（Fish-like Swimming），以有別於一般人吃力不討好的「掙扎式游泳」。

　　最後，所有讓人愉悅的事，都要付出一些代價。你要享受游泳的樂趣，大概只在沙發上看此書或看DVD是不行的。所以，請和我一樣，找出壓在箱底的泳裝，撲通一聲跳下水。水中自有天地！

CONTENTS 目次

非凡泳技 人人可學

A guide to swimming better than you ever imagined.

Chapter 1

脫胎換骨

「完全沉浸」（TI）教學法最大的特色，就是以一連串的分解動作，最後練成有效率的泳技。但我認為TI和傳統教法最大的區別並不在於使用肌肉的方法不同，而是在於思維的不同；我們認為游泳是一種「經訓練而養成的技巧」（practice），像瑜伽或太極一樣，而不只是單純的「活動」（workout）。我們最成功的學生，不論學習目標是增加速度、提高耐力，或單純只為健身，大家都認同此一看法。所以在介紹TI教學法的實際動作之前，我們先來談談思維的部分。

我們在訓練TI師資的時候，強調教練的最高使命不只是教導學生游得有效率，更要會與學生分享對游泳的熱情。一旦承襲這種熱情，沒有什麼可以阻擋你發揮最大的潛力，還極有可能會超越原先的期望。想要瞭解這種熱情的轉換能量，可以先從「正面心理學」和「忘我」開始。

我在創辦TI的時候，心理學家賽利曼（Martin Seligman）也正開始研究能成功面對人生挑戰的人到底具備何種特質——他稱之為「正面心理學」。他在《學習樂觀》（*Learned Optimism*）這本書中提到：「參與和追求某種意義，相較於物質、財富、婚姻、精神信仰，或其他因素而言，更能預測人生的滿足感」。

賽利曼頗受奇真米海（Mihaly Csikszentmihaly）的影響，後者寫過一本書叫《忘我：最佳感受的心理學》（*Flow: The Psychology of Optimal Experience*），這本書對我的教學和游泳也有很大的

影響。奇真米海將「忘我」（Flow）定義為：面對一項符合個人能力的挑戰時，一種完全沉浸（Total Immersion）的狀態。他列出這種忘我經驗的要件：

◖ 參與的活動有價值且具精神獎勵
◖ 挑戰和技術之間有所平衡：此一活動既不容易，
　也不會太難
◖ 對顯著目標全神貫注
◖ 直接而立即的回饋
◖ 可自我控制的感覺

　　本書的首要目標，就是幫助你體驗這種「忘我」的感覺。從今開始，游泳不再是為了訓練耐力或速度，而是體驗「忘我」；在此種狀態下，耐力和速度自然伴隨而來。

積極的態度

　　從1989年開始，TI已教導過數千名學員，絕大多數不但游得比以前更好，甚至愛上游泳，希望一輩子都能持續地學習、改善泳技。我希望你能從此書建立以下的態度：

（1）對游泳的熱情

　　一旦對游泳產生熱情，而且瞭解游泳的特性能協

助我們邁向個人成長的道路，你就會以一種積極且動機強烈的態度來游泳，並從中獲得成就感。

（2）瞭解

在教導過上千名曾在水中掙扎的游泳學員後，我們發現最簡單也最實用的方法，能克服最常見的游泳挫折感。我並不是說游泳游得好是件簡單的事，我自己學了40年，仍然持續在學習。但是至少你要有信心，知道自我練習的方法是有用的，這就很重要了。

（3）專注

TI訓練的一個基本原則是全神貫注，把一些不重要的東西——計算游了幾趟、計時器、別人游得多快等——摒除在腦海之外，要完全沉浸於感官所告訴你的訊息。剛開始，注意頭部、手腳、身體的位置與姿勢，之後開始注意一些微妙的地方，例如手入水是什麼聲音、如何用手來引導水流等等，全神貫注於這些小地方，你就能達到忘我的境界和持續性的進步。

有效的體驗

你既然已決定要花時間讀這本書，就該決定游泳從此由自己作主，而不是交給專家；想要徹底瞭解一件事情，就得自己當家作主。所以，這本書的第一部

分就是先告訴你，人的身體在水裡是怎麼回事，第二部分則是一連串訓練身體自覺的課程。這兩部分其實都要求你嚴格檢視根深柢固的習慣。儘管科學家都說人類是從水中生物演化而來的，但我們早就扔掉了這些水中的特性，轉換成陸上生活必要的習性。事實上，只要我們經過正確的訓練過程，還是能重拾舊有的水中特性，到時候，你就知道那種興奮的感覺了。

　　TI泳者在水中優雅的泳姿很容易被認出來，不管男女老少，他們都是採用「魚式游泳」（Fishlike Swimming），看起來舒適、平滑、平衡且流暢。傳統教學則是教導「人類游泳」（Human-Swimming），推水、打水，以及不停地來回，為的只是訓練出游泳的好體力。

　　如果你好命，天生具備奧運冠軍的「水感」，就知道光靠手臂用力前後來回並不是什麼游泳的好技巧。20年教授游泳的經驗告訴我，沒有壞習慣、只靠本錢就能游技大進，這種人的比例低於1%，其他人都只是用「掙扎求生」的方法在游泳。因為我們用本能在水中做的事都很笨拙、無效率且累死人，愈是訓練，只是將「掙扎求生」更加烙印在泳技裡罷了。我們在1990年代開創魚式游泳訓練班，以新的教學法來教學生做他們自己永遠不會去做的事。一旦他們學會了之後，笨拙的「人類游泳」動作便被優雅的「魚式游泳」所取代。

　　我們同時發現，我們教的是「功夫游泳」。因為在水中優雅地游泳需要相當精緻且不易完全掌握的技

巧，必須經過一些基本動作的訓練，就像學功夫一樣。這些動作和姿勢看起來很普通，卻能和水建立深切的連結。經過一連串符合邏輯的課程，掌握這些基本動作，你就能在幾小時內，以夢想不到的輕鬆和省力在水中前進。

首先，你要養成耐心的習慣，在把游泳當成一種運動來訓練自己之前，要先掌握游泳的竅門，每一個基本動作都要盡可能做到熟練。如果你是我們剛才所說的那群99％的平凡人，在泳池中反覆來回只會讓壞習慣更難改。但如果你願意花時間深刻掌握本書所教的動作，就能很快體驗到前所未有的舒適感，經由較高階的技巧訓練，你會游得更輕快。我們已在眾多的學員身上看見這套方法的成果，且不受限於年齡、體力、身體狀況和協調性的限制，因此，我希望你也能加入這個行列。

Chapter 2
歡愉的游泳

「改善」（Kaizen）在日文裡的意思是「持續進步」，這個字後來也成為英文字彙，意思是經由統計分析而增加製造過程的效率。我第一次接觸這個字就覺得可以用在游泳上。在本章就要強調這個概念，每一個泳者都能持續改善他的泳技，儘管緩慢，但是可以長達30年或更久。當然，挫折和停滯也是不可免的。

學習游泳時覺得無法突破，或努力甚久但相對改善有限，這些都很正常，因為人類基因中沒有像魚或水中哺乳類一樣的游泳密碼。相對而言，跑步就是一種人類的自然活動，只要經過嘗試錯誤的過程，大多數人都可以學會跑步。事實上，幾乎所有的陸上活動，我們學起來都比游泳容易得多。即使是非常基礎階段的游泳，都要經過一個教學的過程才能學得會，進階游泳還得由專家來指導，而專家既昂貴又稀少。

如果你從未接受過游泳訓練，或是學習的方法不正確，就會碰到以下幾種挫折：

◖ 能夠輕鬆跑上好幾公里的運動員，可能下水游個一趟便氣喘吁吁，很多人會覺得游泳需要一種很特別的體能。（錯！）

◖ 能夠游1公里以上的有經驗泳者，往往經過多年訓練卻很難突破。儘管他們有心求助，但只得到一些很難達成的建議，於事無補；在泳池邊，也常有一些好心朋友會對他們提出許多小「撇步」，這些零星的建議或有小補，但也難持久，

更難傳授。

◖許多泳技好到可以參加代表隊的人反而覺得游泳
一點都不好玩，因爲游泳教練會認定嚴格辛苦的
訓練才能誘發你的潛力，於是乎游泳從輕鬆愜意
的活動變成枯燥無趣的重複單一動作。結果是，
很多參加競賽的泳將甚至在十幾歲時便「退休」
了，而且在成年之後，絕不將游泳作爲健身運
動，我自己就經歷過以上所說的各種階段。

持續改善的練習

　　我在青少年的時候，夏天總是早上「玩」球，下
午則在社區泳池「玩」游泳。我總愛在水裡找些陸地
上做不到的樂子，從不需要去煩惱游泳是否可以減
肥，或是泳速大增等問題。我幾乎很自然地就知道在
水中如何前進，那時候的動作或許不是很有效率，但
能在水中感到舒適和自信，卻是很難得的事。

　　我在15歲時參加游泳代表隊，開始專注於泳速和
力道。儘管我喜愛訓練課程和參加比賽——40年後依
然如此，但我逐漸失去在水中的那份舒適和愜意，泳
技改善也如曇花一現。我在15歲至18歲時確實有進
步，但儘管我比其他隊友更認真練習，19歲後泳技卻
停滯不前，甚至退步了。我努力地越過痛苦的門檻，
在泳池中不斷勤練，但在21歲時，我開始覺得游泳是
一項討厭的運動，最後，我決定從選手「退休」，轉
爲教練。

一旦我轉為教練，我才又回頭去研究如何在不影響泳距和速度的前提下，讓游泳仍然可以感到愉悅和滿足。終於，在我快40歲的時候，那時，已丟下傳統訓練課程17年之久，也沒有游泳老師強迫我去上累死人的課程，我自己又重新開始游泳的訓練。這一次，我的目標是要「做得對」，而不是「游得累」。我發現自己又開始進步，更體驗到「改善」的真諦。

現在我55歲了，練習時始終專注於和水的連結。我現在游得比任何時候都好，自己亦覺興奮。游泳帶給我前所未有的滿足感，每次下水都感到愉快而有趣，都覺得比當初在學校游過的幾百萬公尺更平順、更協調、更有目標。過去20年，我目睹自己的游泳效率以及與水相處的良好感受與日俱增。

游泳是一種非常特別的運動，它可以不受年齡影響，隨著時間逐步改善。要讓人體在水中前進，需要精妙的技巧，如果加上時間、明確的目標和專注的態度，你就可以增加對這種技巧的掌握，而且不受年齡體力的影響。我相信自己能繼續學習和改善泳技直到80歲，每次下水，我都專注於以此為目標。

現在我都會把「游得輕鬆、平順」、而非「游得更遠、更辛苦」的體驗和數千名學生分享，這也是為什麼TI能激發學生熱情學習的原因。我們簡化了提高游泳效率的方法，讓學員也能走上持續「改善」的道路；此外，我們更把呆板的訓練改為可以全神貫注的練習。接著，就讓我們來探討你在游泳這個運動上受挫的原因，並進一步找到符合常識的解決辦法，讓你也能和我一起「改善」。

Chapter 3

克服游泳障礙的竅門

你若覺得學游泳的挑戰性太強，安慰你一下：幾乎所有人都是這樣費盡力氣，但成果有限，多數人也都覺得游泳吃力而無快感。我稱這種現象是「人類普遍的游泳通病」（Universal Human-Swimming Problem, UHSP）。人體天生構造就不利於游泳，而傳統教法只是強化我們本能的錯誤。這種雙重障礙讓多數人都認為優雅、有效率，或享受游泳樂趣根本只是一個不可企及的夢，一般人游泳只是在水中掙扎求生而已，會造成這樣主要有三個原因：

（1）身體在水中一定會下沉

沒錯。我們的身體結構確實是95%會下沉，唯一會浮上來的器官是肺。重力將我們的臀部往下拉，浮力卻將我們的胸部往上頂，你不是整個人往下沉，而是下半部往下掉。也正因為你的腦子將這個訊號解釋為你在下沉，所以本能便主宰一切，命令你以求生手段設法往上浮，結果是動作累人，對推進向前卻毫無助益。

部分堅持的泳者經過多年學習，儘管可以游得更遠，但很多人仍然虛耗了95%的精力，因為：（a）他們的力氣都用在「防止下沉」，而非「推動向前」；（b）他們早期學習游泳的經驗是「掙扎求生技巧」，這種技巧已經烙在肌肉的記憶中，到現在仍很難擺脫。

（2）水是一堵牆

你在車速每小時30英里（48公里）時將手伸出窗外，便可感覺到空氣有多「厚」；而水的密度是幾近空氣的1,000倍，因此，即使游得很慢，水的阻力也是巨大驚人的。若想要感覺水像牆的話，下回在游泳池中，試著在水中走路或甚至跑跑看就知道了。水的阻力已經是如此，身體又下沉，再加上掙扎揮動手腳，很快你就會感到疲倦，因為你浪費了許多精力，而非體力不好所致。

（3）難以掌握的水

儘管水是這樣毫不留情地與我們作對，當你試圖去抓水時，它又溜開，更何況想要靠划水來推動整個龐大的身軀向前，力量實在太小了。就算你的動作完美無缺，推水向後其實就是一種低效率的推進方法。你可曾聽過用水車輪的汽船創下什麼跟速度有關的世界紀錄？跑步是雙腳推離地面，在密度極低的空氣中前進，而游泳則像在結冰的山坡上往上跑。

我在前面說過，傳統的游泳教學是強化那些低效率的技巧：一開始練雙腳打水，再繼續打水，然後練習手臂前伸再向後拉，最後是永無休止的練習，直到姿勢固定為止。但是打水和拉水都是在水中造成阻力且無效率的做法，若不注意身體姿勢不當的問題，光是反覆再三的苦練，只會強化那些掙扎求生、而非推

動向前的動作而已。

　　還好，TI提供了前述問題的解答，就讓我們直接切入到可以讓你演進到魚式游泳的新方法吧。

征服「人類普遍的游泳通病」（UHSP）的秘訣

　　與其和水對抗，不如與之和諧相處。依照以下4個基礎步驟——平衡、流線型、重心轉移、有耐心的手，讓游泳變得更簡單。你不是用手來向後推水，而是用手來：（1）幫助平衡；（2）穿越水的阻力；（3）增加身體長度；（4）在水中定位。你要用你的身體來游泳，而不是拖著它在水中前進。

（1）掌握平衡

　　對許多以「掙扎」方式來游泳的人而言，學習平衡的最大好處，在於將學游泳的可怕經驗轉為對自己能力的強烈信心。平衡當然是所有訓練的重要基礎，但學習在水中放鬆（我們稱之為：找到你的「TI氣」，也就是氣功的氣）更是彌足珍貴。我們要先打破掙扎式泳技的惡性循環，手腳才能重獲自由，動作和諧。

　　由於我們與生俱來的身體結構，95%的部分會下沉，所以我們是在水下、而非在水面上游泳。與其和下沉的感覺作戰，不如學著輕鬆地躺成一個水平的姿

勢（也就是頭、胸、腳成一直線）。因為平衡，下沉反而有好處，因為水下的阻力要比水面的阻力小。

由於你的下半身拉著你下沉，所以聰明的辦法是用上半身的浮力來使全身保持水平。一開始要先放鬆那顆10磅重的頭，讓水來支撐頭部，讓頭部和脊椎成一直線；再向前伸出你的手臂，以此平衡下半身，全身才能水平，大幅減少阻力。頭部放鬆，你的頸部和肩膀就可以同時放鬆。

一旦能放鬆地躺進水中，並能感受水的支撐浮力，你就會有餘裕來思考如何發揮身體各部門的功能，來達到最佳效果。

（2）穿水而過

因為水的密度很高，你又必須穿水而過，所以聰明的辦法是，假想用手在水中開了一個「洞」，而身體要從這個洞裡穿過去，這時候，你要專注於如何減少阻力。

在游自由式和仰式的時候，要想像你的身體從中分成兩半，每一半都像魚雷一樣，自水中穿過。不要只顧著划水和打水，要把自己想成是左邊流線與右邊流線交替前進，而兩條流線自手指到腳尖都等長、平衡且平滑。用手臂在前方做為導引，只要肌肉適度配合，即可拉出一條身體的延長線。

至於游蛙式和蝶式時，身體要像波浪一樣，有節奏地如同海豚般上下起伏前進。每一次划水，身體都

從水下鑽出，再鑽回水中。用雙手在水下「開一個洞」，然後頭部、身體、臀部、腿部依序穿過這個洞，形成另一種流線。每次划水，身體前進的距離愈長，阻力愈小，速度也就愈快。

（3）轉移身體重心

如果仔細觀察單車好手藍斯‧阿姆斯壯（Lance Armstrong）在法國阿爾卑斯山山路上競賽，他幾乎是用單腳站在單車踏板上，從左腳換到右腳向前衝刺；或是觀察老虎伍茲（Tiger Woods）以一記平順、輕鬆的揮桿，將高爾夫球擊出1,000英尺以上的距離，你其實就看到人類擁有最經濟而有效的力量來源——轉移重心。小白球、鐵餅、標槍，甚至棒球投手和打擊手、撐竿跳選手等等，都是依靠這個力量來源。所以，游泳的人為什麼只被限制在使用力量微不足道的手和腳，而其他選手卻能充分使用天賦的資源呢？

TI泳技，就是利用和其他運動選手一樣的有效動作來前進。TI自由式和仰式的關鍵，在於已成流線型的右邊身體破水前進時，斜揚起的左邊身體已準備好要向前衝了。揚起的半邊身體已經積蓄了能量，只待用意志來主導這股力道，花少量的力氣，便可釋出可觀的能量。如果是蛙式或蝶式，就要擺動胸部和臀部來產生加速的力道；不是使用蠻力，而是靠協調動作讓雙臂和前胸同時向前，藉此帶動身體其他部位，充分擴展這股動力。

（4）耐心用手抓水

　　一般泳者划水或打水時，都會認為動作激起水花就是激發力道，是推動向前所必須付出的代價。但我們強調身體的流線和重心的轉移，此時水花其實代表的是阻力。TI的游泳訓練要求手進入水中時要水花不興，而且抓水確實。首先，將手臂抬起，俐落輕柔地切入水中，避免噪音及水花，平靜的水才能讓你抓水確實。接著，手向前伸，好像要去撈一個前方撈不著的東西；第三，用手掌輕輕抓水，但要固定確實。記得，在這隻手未定住之前，不要划水。

　　要耐心地做完這些抓水的動作，身體才會準備好發動另一次的重心轉移。如果划水過於倉促，只會激起水波，無效率地浪費力氣。你可能會認為按照程序做完每一個動作，速度會減慢，但實際上，唯有身體拉出流線型，才會讓你保持速度，且有餘裕輕鬆地划水，如此一來，游泳就不會覺得疲累。如果只是向後推水，用手臂和肩膀做所有的動作，這些部位的肌肉會容易疲累。反之，若專注於抓水和重心轉移，用的就是身體的大肌肉，這些肌肉不但較強壯，而且也比較不會感到疲累。

Chapter 4

增快泳速

　　擅長游泳的人都有一個共通點：他們游泳時看起來很輕鬆。真正偉大的游泳選手，全世界可能也就只有十幾位，他們泳姿優雅，即使在高速時動作也控制得宜，甚至「看起來」游得很慢。加州文杜拉市的游泳教練泰德·伊斯貝（Ted Isbell）在1998年寫了一封信給我，談到他詳細觀察年輕選手艾倫·貝爾索（Aaron Peirsol，當年只有15歲）游泳的情況，伊斯貝說：

　　「因為我兒子曾和艾倫在年齡分組賽中一起比賽，因此可以有機會仔細觀察。艾倫當然是常勝軍，他的划水次數總是比對手少了四分之一。有一回，我用手把一隻眼睛遮住，只看他一人游泳，他看起來非常輕鬆，根本不像在比賽。我再把焦點轉到第二名的選手，他就真的是賣力地在游了。我把手放下，才驚訝地發現艾倫早已領先了一大截，但他看來卻毫不費力。」

　　貝爾索在2002年，首次打破200公尺仰式的世界記錄，目前仍是100公尺和200公尺仰式的世界記錄保持人。

　　貝爾索和其他游泳高手之所以看來那麼突出，原因就是他們游速極快，但看來卻毫不費力。我觀察這些選手後的印象是，他們已和水合而為一，而不只是在游泳。秘訣在那裡？過去多少年，我總以為這是天賦異稟，偉大的選手就是知道水性，能在高速時仍舊輕鬆，而我們只能在一旁羨慕地看著。但是，我終於

也看到一些普通的泳者，透過有耐心和得宜的訓練，從原來勉強游完一趟，變成能掌握水性，還能游得輕鬆自如。一旦能破解水性的密碼，就能透過一些設計良好的練習，充分發揮潛力。雖然無法游得像貝爾索那麼快，但已經可以達到自我能力範圍內的最佳表現。

所謂秘訣，就是伊斯貝在觀察貝爾索時所看到的：拉長距離的划水，正式的名稱是划距（Stroke Length, SL）。划距的重要，數十年前早已被認定，但選手們仍未完全瞭解其中涵意，大部分的泳者仍堅信只有苦練，才能成功，他們深信「練得愈勤，就游得愈快」的法則。對那些沒有貝爾索同等天賦的人而言，訓練游泳的老方法總是會讓划距縮短。沒有經過仔細思考的苦練，其實只會讓習泳者的進度受挫。

還有一個比習慣更麻煩的障礙，就是「本能」。幾乎每一位想加快游泳速度的人，都會下意識地以為手臂划水加快便可加速。但划動加快，划率（Stroke Rate, SR）便會增加，划距便會縮短，如此一來，不但無法加速，還會讓游泳更沒效率、更疲累。

划距──冠軍的武器

我們如何知道划距很重要？自1970年以來，研究者多次分析各種州際、全國及世界比賽的冠軍與其他參賽者的不同。這些研究都一致指向一個重要的特點：泳速快的人划水次數比別人少。如果這些研究的結論是肯定「體能」為游泳致勝的關鍵，那麼大家過

去強調的苦練不懈就能獲得佐證；問題是，沒有一篇報告有這樣的結論。

體能有多重要？很多選手會去練舉重，或戴上划水板等其他增加阻力的助游器，不停地來回練習，這顯示他們認為力道是增加泳速的關鍵。但研究者發現，世界冠軍選手其實划水的力道比其他人小，因為他們的姿勢平滑呈流線型，所以根本不需要花太大的力氣來加速。也就是說，鍛鍊力道並不是增加泳速的關鍵。我的意思並不是說體力不重要，沒有體力你也無法有效率划水及增長距離。但在奧運比賽時，人人體力都在顛峰狀態，但仍有一些人能勝出，他們勝出的關鍵就是他們划水比別人更有效率。

有越來越多游泳訓練班與學校的教練，以及高手團隊把划距納入訓練主軸。他們都指出，這種新的訓練方法確實能達到前所未有的效果和進步。

何謂划距？

要改善划距，得先瞭解何謂划距。划距是游泳這門運動裡最不為人知的一個名詞（簡稱SL，而每游一趟所需的划水次數，稱為Stroke Count Per Length, SPL）。很多人逐漸理解划距長對游泳有益，但他們都誤以為划距長就是手盡量向前伸，推水時盡量向後拉。當然這也可以小幅地增加划距，但一旦泳者想要加速時，這個要求就做不到了。

划距其實和手的動作無關，所以即使手向前伸或

向後推，幫助也不大。划距是一次完整的划水循環中，身體所前進的距離，所以不划水時的動作其實更重要；舉例來說，游蛙式時，80%的划距是在身體成流線型時在水下滑水前進時所形成的。

這個定義告訴我們，改善划距主要在減少阻力，而不是擴大推力。事實上，幾十年的教學經驗讓我相信，泳技不夠嫻熟的人，他的划距有90%取決於減少阻力，只有10%才決定於他產生的推力。我仔細研究自己的游泳效率已有17年，其中12年專注於研究減少阻力，只有最近幾年才開始研究推進加速的方法。我們會在之後的章節裡告訴你如何減少阻力、增加推力，以達到改善划距的效果。

划距長，則消耗的體力較少，這是理所當然的，但划距長而產生的高效率則更重要，原因包括：第一，划率（Stroke Rate, SR）愈高，消耗的力氣愈多；划率每增加1倍，消耗的能量為4倍。第二，增加划率的後果是心跳加快，且影響肢體協調性。當划率與心跳加快時，划水動作就會顯得凌亂並消耗更多的體力。最後，划率高時，所激起的水花也越多。

如何利用划距勝出

參加比賽時，划距長的最大好處，是讓你擁有其他低效率選手所沒有的選擇，尤其是在比賽的最後階段，其他人都開始耗盡力氣的時候，此時效率二字就開始凸顯功能了。在我前面所說的研究中，學者觀察

到領先的選手在比賽前半段，已可看到划距的優勢；在最後衝刺時，更凸顯划距的重要。在奧運比賽時，世界頂尖好手雲集，幾乎所有比賽都取決於後半段。研究者發現，厲害的選手在後半段的比賽中仍能保持他們一開始的速度及划距，有的甚至還能繼續增快，而落後的選手多半划距已經開始縮短了。

　　比賽一開始時，划距若夠長，就可以定下一個節奏，不但划率低，心跳也沒那麼快。由於划率和心跳都有一個上限，高效率的選手在最後階段還保有一段提升划率和心跳的空間，但其他選手一開始便已達到極速，最後只能看著冠軍平順地從隔壁水道超越自己，迎向金牌。

　　就算你的目標不是奧運金牌，而只是參加一個小比賽，也應該有過無助地看著別人輕鬆超前時不爽的感覺。在此之前，你可能都認為是別人的體力比你好，但我希望現在你知道那不是主要的原因。有很多年，我也老是落後在其他選手之後，直到最近才領悟到如何改變這個宿命，靠的就是研究如何降低划水次數，而非增加練習時數。我於1996到1999年在西點軍校擔任游泳教練時，就是用這個方法來獲得顯著的成效。

　　如果你想做個能掌握自己節奏的選手，也就是在比賽的不同階段，可以選擇和調整自己的每趟划水次數，而且能依自己的方式來執行這個計畫的話，你就要經過一番精心策劃的訓練。接下來，我將告訴你訓練的方法。

Chapter 5
如何拉長划距

　　許多泳者可能並不清楚，但在練習中幾乎每件事多少都會影響你的划距——包括每次練習游得多遠、休息時間的長短、速度的快慢等等。傳統教學方法中，上述的因素都以「體力開發」為主調來作選擇和調整，但在TI教學法中，上述因素的選擇和調整，取決於這些因素如何影響效率，體力的考慮則在其次。

　　因此，TI和傳統教法的關鍵差別就在於是否時時以「划距」為念。如果你學到一些新的技巧，但若不注意每單趟的划水數（SPL），以前的游泳老習慣仍會影響你的效率。如果你要學習TI的技巧，就得：（1）游泳時練習計算每單趟的划水次數；（2）以此數據做為其他選擇的參考。TI泳者在每趟開始前都會先設定好划水次數，他們未必每次都可達到目標，但就算做不到，也可學到一些新東西，並利用此一體會，改善每趟練習的一致性。

　　計算划水次數最重要的價值，就是提供一個測量效率的常數，當你覺得效率降低時，便可循此常數，即時調整——減少距離，或減慢速度，或增長休息時間，或游得更安靜、更放鬆，目的都是在提高效率。如何計算划水數呢？我的辦法是，游自由式或仰式時，每隻手入水即算1次；游蛙式或蝶式時，雙手前伸1次即算1次。游泳不計算划水數，就好像開車沒有速度表，游泳計數就表示你不是在盲目地游泳，因此對99%的泳者而言，計算划水數要遠比計算時間來得重要。

什麼是「正確」數字？

　　沒有什麼划水數字是「正確」的，都得視情況而定。個子小的泳者一般划水數要比高個子來得多。游400公尺的每單趟划水數（SPL），會比游100公尺的多；游50公尺，需時40秒的話，SPL也會比45秒才游50公尺來得高。如果你養成計數的習慣，就可以獲得重要的資訊來做選擇和判斷：如果你游得距離更遠，或速度更快，SPL就明顯上升，你就可以判斷這是不是你要選擇的練習方式，或是下次游之前先設定一個更有效率的目標。每趟游泳都計算划水次數，自然就會游得更有自覺，有一個更明確的追求目標。

　　你的目標不是要達到一個「最佳」次數，而是充分瞭解在一定的數字範圍內，可以更有效率地游泳。每一種姿勢的範圍也不同，以我自己為例，在25碼的池子裡游自由式，我的划水數SPL為11～15次（25公尺的池子是12～16次；50公尺是30～40次），如果是仰式的話，25碼的池子是12～16次，蛙式是6～8次。如果是蝶式，我只有兩個數字，慢則8次，快則9次。游蛙式和蝶式時，划水靠雙手，打水或踢水用的是雙腳，所以划水數較少，上下差距也小。游蝶式時，划水的節奏非常重要，所以很難改變划距。我們會在後面章節中，陸續再談到這個問題。

數字愈低愈好嗎？

我曾見過學生專注於降低划水次數，成果驚人，比方說25公尺用自由式只划水12次，但游泳效率卻變得很差。他們花太多力氣來降低划水數，以致衝得太猛，打水太用力，或甚至失去節奏。在學習的過程中，硬要壓低划水次數，反而更浪費氣力，效率不佳。

所以你的目標是找出「最適當」的划水數，而非「最低」的划水數。你的最低SPL仍要順暢、省力且安靜，因為真正的目標是省力，不是壓低划水數。但若專注地練習，SPL的範圍應可改善。我20歲的時候，訓練都專注於用力游、加快游；在50公尺池子裡游自由式時，我的划水數至少是50；30歲時，降至40，40歲的時候，降到30左右。現在我55歲了，最近在50公尺池子裡輕鬆地游，划水數只有26次。換句話說，在過去的35年裡，我的划距約增加了1倍。假定去年你在25公尺的池子裡，要划水25次，今年你想做到只划13次，這樣的目標就可能超越身體適應或改變的能力。若能稍微放寬一點對自己的要求，效率反而會自然輕鬆地改善。你如果要以我的划水數做比較標準，要記得，我是花了30年才做到的。

降低划水數會游得更慢嗎？

划水次數降低可能會讓你游得比較慢，至少初期是如此。但是游泳只專注於游得快、更快或非常快，

只在短期內有效，但會使你容易倦怠，且更糟的是會造成運動傷害。泳速雖慢，但目標明確（不是懶散），反而可以打下基礎，沒有這個基礎，泳者不可能充分發揮潛力。舉例來說，游200公尺到800公尺，用最低划水數完成和用最快速度完成，兩者的挑戰性不相上下。假設你要用每25公尺划水12次的比率來完成500到1,000公尺自由式，就得在每次划水、呼吸、轉身的時候都非常注意姿勢是否標準，才能在第12次划水時碰到池邊，轉身再出發。

這種訓練提供了三個重要的效果：（1）高度集中注意力，因為只要一恍神，效率就會大打折扣；（2）把高效能的動作烙印在身體的神經系統裡；（3）這種訓練每次若持續20分鐘以上，可打下有氧健身運動的基礎。這可不是泛泛的有氧活動而已，特別重要的是，肌肉中能量系統的改善可以提高活動的效率。記得我在前面章節中所說，泳者如能維持划距，在衝刺時才能區隔出贏家與輸家，此種訓練能為有效率的耐力打下基礎。

經由速度放慢及低划水數的訓練，我的划水數及心跳數可同時降低。5年前，我游25公尺/12次的SPL，不可能維持至100公尺；但現在我可用此效率游上1,000公尺。10年前，我以25公尺/13次的效率游100公尺，時間約為1分24秒，現在我用25公尺/11次的效率，可在同樣時間內游完。這表示我在同一時間游完的心跳數要比以前減緩了。

也就是說，老化的過程可能多少降低我的體力，

但我以增加效率來做平衡。划水效率和游泳整體的績效高度相關，而非體力。我在開放水域游1英里(1,600公尺)的速度和12年前一樣，和比我年輕12至25歲的游泳好手相比，也都有的拚。

如何用SPL來加速？

一旦建立起講求效率的基礎，若想加快速度，便可做一些策略上的選擇，而仍能保持相當的效率。若想在訓練時增加划水次數，我仍然會注意保持姿勢的平順。一個游25公尺、划水23次的人，若要加快速度，只有再拚命使力。但我還有一些選擇，我可以從25公尺划水13次，增加到14次或15次，卻只要稍微多花一點力氣就能達到。我的加速靠的是改變划水速率以及與身體的協調，而非純粹加大力量。

一般泳者受到侷限的主要原因是：（1）沒有花時間練習拉長划距；（2）想加速時只會划水加快，反而造成（3）力氣愈大，划距愈短。

此處的教訓是：不要「瞎」游，要計算划水數，在划水數上下範圍之內，做出聰明的抉擇，使游泳更有效率。

底線在哪裡？

計算划水數是個開始，但不是萬靈丹，它可以告訴你實際的效率為何，但只能提升效率至一定的程

度。改善效率主要是靠減少阻力和避免擾亂水流。想要改善平衡、拉長身體線條、全身動作平順，主要靠的是練習，以及達成以下幾個清楚明確的目標。

有效選擇划距

記住以下的要點將有助於計算划水數。以最低划水數游泳時，應該：

- （1）幾乎不用什麼力氣
- （2）平順且安靜
- （3）輕鬆地打水

這樣的游法要全神貫注，且能維持個一、兩趟。

以接近最低划水數游泳時，泳速可能沒那麼快，但仍有下列的好處：

- （1）養成拉長划距的習慣
- （2）加速時仍保持效率
- （3）長距離游泳時仍保持效率

如要以提高划水數來增加速度，要記得：

- （1）姿勢仍平順且控制良好
- （2）只多花一點力氣，便可加速
- （3）練習整體的協調，而非「賣力地游」

Chapter 6

順滑比使蠻力來得好

加拿大教練費比（Howard Firby）在1974年一個游泳教練研究營上說道：大多數人都認為划水是「手臂」的問題，主要功能在拉動身體向前；而打水則是「腳部」的問題，主要功能在推動身體前進。基於此種思維，傳統的游泳教學才會強調推水和打水，學生也用手板來強化「手臂」，以浮板來強化「腳部」。我個人認為這種教法對學生並沒有幫助，反而限制了他們的進步。在前幾章我們說過：划距是影響游泳最重要的因素，而如何成功降低阻力，則是改善划距的最重要關鍵。本章將解釋如何降低阻力。

1978年9月，我在一個有水下觀景窗的游泳池教授游泳。這是我首次在水下觀察學生受訓的情況，並且看到在池邊從未看過的事。我發現學生在踢離池邊的時候，身體呈流線型，就像水族館中的魚，平順地穿過水中。但一旦他們露出水面開始划水和打水之後，速度便明顯減緩，花了很多力氣，只是製造水波，而非協助身體推進。我立刻運用機會教育，告訴他們划水時要保持流線型，這比我所教導的划水、打水，或任何我能想出的訓練方法，都更能改善他們的速度。

人類的泳速很難超過每小時5英里，魚兒卻可用很少的氣力游出10倍的速度，阻力就是其中主要的關鍵。魚兒在水下以極順滑的流線型穿梭，人類的缺點是必須在水面游泳，而且還得划水和打水，對大多數人而言，只是將水打成水花而已。即使最棒的金牌選手，其游泳效率是我們做夢都難以企及的（自由式游

25公尺，只需要划水8～9次即可），但他也得花上90％以上的體力來對付阻力。

在水這樣「厚」的媒介裡，即使在泳速很慢的情況下，都得花很大的力氣才能降低阻力，更何況速度增加，阻力便以倍數增加，因此若能降低阻力，所得的報酬也會以倍數增加。

水像一堵牆

我在游泳池下的視窗觀察發現，學生踢離池邊後，的確有那麼一下子，看起來像條魚；但一旦開始划水，我們那外觀不斷變化的身體，看起來就不是很適合在水中前進了。泳速快與慢的人相比，最重要的差別就在於快的人在划水時，仍維持一個拉長且平滑的外觀。要將阻力降到最低，就要瞭解阻力的三種形式，其中兩種可用技巧來降低，另一種則要靠泳裝來克服。

（1）外形阻力

這是因身體外形所造成的阻力。游泳時，前方的水受到前進的壓力而形成高壓，後方的水則形成低壓，造成一股拖住你的力量（這就是為什麼學游泳的人就像自由車或賽車的選手一樣，喜歡跟在別人後面，因為前面的人身體後方所形成的低壓，會吸引後面的人向前，使得後方的人會覺得比較省力）。外形

游仰式時，身體保持側面流線型，減少阻力。

阻力是速度的平方，也就是說，速度快1倍，阻力就會增加4倍。

　　因為身體大小和外型決定外形阻力的強弱，所以游泳時降低外形阻力的最好方法，就是假想身體要穿過水中一個極小的「洞」。如果你的身體流線型極佳（就像踢離池邊那樣），任何由手、腳或頭部所作的動作都會增加外形阻力。因此，花上1個小時耐心專注在如何划水或換氣等動作時，保持身體修長及平滑，遠勝過100個小時毫無目標的訓練。

　　游蛙式及蝶式時，身體在水面下呈流線型時的外形阻力最小，因此游蛙式時，每划一次水，身體有三分之二的時間都應維持上述的姿勢；游蝶式時則也應該在兩次划水間保持上述的姿勢。

游蛙式與蝶式時，身體應盡量保持水面下的流線型，以減少阻力。

（2）水波阻力

　　水波阻力會消耗掉泳者很大的力氣，游得愈快，水波愈大，也就是說，力氣都用在激起水波，而非用在前進的推力。前面說過，速度加快1倍，外形阻力會增加4倍；水波阻力更厲害，速度增加1倍，外形阻力則會增加3次方；也就是速度快1倍，水波阻力大8倍。

　　魚兒（以及人體在水中呈流線型時）之所以能快速前進，原因之一即在於牠們在水中不興水波，因此水波阻力微不足道。這也是為什麼泳賽選手轉身踢離池邊時，都會盡量想辦法在水中前進長達15公尺（這也是比賽規則的上限）。矮小的選手在蛙式和蝶式的項目中比較有利，因為這兩種姿勢都有相當多的時間在水中前

游自由式時，也要保持流線型，以減少阻力。

進。另一方面，高個子的選手幾乎霸佔自由式和仰式的項目，因為身高體長能減少水面的水波阻力。

　　當然，游泳時可能多半都在水面，此時划水平順就關係到水波阻力是否能被降低。減少水波阻力兩個最重要的辦法就是：（1）每次划水都要記得拉長身體線，在吃水線中的「身體」線條，相對於寬度而言，水波阻力也愈小。（2）划水動作要平順；動作短而快，容易激出水花，拉長而徐緩地划水，就不易造成水花或波浪，阻力也較小。

（3）表面阻力

　　表面阻力是水和皮膚摩擦所造成的阻力，沒有什麼動作技巧可以改變這個自然法則，但若穿對了泳裝，便可以改善此一阻力。只要脫下寬鬆的大泳褲，換上一條貼身的小泳褲，差別立刻明顯可見。從西元2000年以後，選手都很在意泳裝，他們會穿上以特殊材質製成的高科技泳裝以降低阻力。這些材質比皮膚還要平滑，選手便穿上從脖子遮到腳踝及手腕的連身套裝來參賽。我們這些業餘的，只要有件貼身的萊卡或人造纖維材質的普通貼身泳裝，便可以下水了。

特別留意阻力

　　除了上述所說減少阻力的建議之外，想平滑地穿越厚厚的水牆，最簡單、也是最好的辦法，便是集中

精神對付阻力，以下是我的建議：

（1）感覺

首先，要用心去感覺阻力對你的影響，然後勤練降低阻力的動作：頭和脊椎要成一直線，尤其在換氣的時候。長軸游泳（自由式和仰式）時，側身的時間要拉長一點；短軸游泳（蛙式與蝶式）時，身體要剛好在水面下，且完全伸展的時間也要拉長一點。在划水前，手要「切入」水中，雙腳盡量靠攏等等，也就是要降低身體受阻的感覺。

（2）看與聽

善用你的雙眼和雙耳。眼睛注意雙手帶起的水花，要盡量減少這些水花；划水時要傾聽自己的聲音，凡是在游泳時帶出的聲音都是效率差的明證，所以要努力「無聲地」游泳，而且「無水花地」游泳。不只是在慢泳的時候如此，更重要的是在加速時也要如此（別忘了，泳速加快，阻力也會大幅增加）。這兩點是增加效率的好方法。

（3）穿刺向前

不管那一種姿勢，划水的終點是在前方（傳統都認為將水推至身後，划水的終點在後方），同時要假

想你的指尖就像戰矛的尖端，以指尖刺向前方，身體和腿則從手指入水開出的一隻「袖管」中穿過。

自己決定

　　如果你還想知道到一些「平滑游泳」可以獲益的證據，以下還有一個實例。2002年6月，我參加環繞紐約市曼哈頓島馬拉松游泳，以8小時53分游完全程28.5英里（約46公里）。我在參賽時，將99%的注意力都放在水中穿越一個小洞的假想上，並且全力減少聲音和水花。以我每分鐘划水49次（隊友每半小時記錄1次），乘以我游完全程所花的時間，我環繞曼哈頓島全程共划水26,000次。乍看之下好像很多，但你要知道其他30名參賽者，每分鐘平均划水72次，游完全程總共是38,000次。

　　我就是靠著專注於減低阻力，比其他人少划水12,000次，等於幾乎可以再游一個曼哈頓島的長度。（2006年6月，寫本書的兩周前，我再度完成環游曼哈頓島的比賽，我以每分鐘划水53次的速率，8小時游完全程，一共只划水約25,000次！）

　　下回你游泳的時候，也可以跟我一樣，看是要選擇用力划水、用力打水，增加你的有氧活動力，還是選擇要減少水花、噪音、省力，降低划水數。答案似乎再明白不過了。

Chapter 7

消減阻力

前面我們談了一些關於划水的基本知識，但要能充分發揮你的潛力，需要花時間來打下基礎，取代過去的老習慣，也讓你的肌肉體會效率和平滑是什麼意思。所謂的基礎包含以下兩類：

（1）「消減阻力」的技巧

幫助你保持身體位置正確、划水時機正確、減少阻力以及保存體力。

（2）「擴大推力」的技巧

幫你把最有效、最經濟的動力來源（也就是身體的大肌肉群以及節奏性的重心轉移）和抓水的手連接起來，假想你的手像錨一樣停在定位，身體則超越那隻手前進。

要什麼時候開始練習這些新技巧以打下基礎，完全依你自己決定。如果你是一名頗有表現的競賽選手，正巧又遇到參加各項比賽的季節，為了提高效率，可以開始計算划水數、注意水花、傾聽有無太大的打水聲，另外有時間也要做些基本的訓練動作。如果你是一位選手，但現在是比賽淡季，當然就是訓練基本新技巧的最好時機。如果你只是一名新手，游個一、兩圈便累到不行，我建議你立刻丟掉原來的「掙扎式」游泳，馬上改換以下我所要教導的技巧來訓練。

為何先學「消減阻力」？

（1）效果顯著

要改善游泳效率，70%的力氣要花在降低阻力，其次才是增加推動力。習泳者愈沒有技巧和經驗，降低阻力的效果愈顯著。對一個初學游泳的人來說，進步的空間有90%來自於身體位置的改善（也就是降低阻力）。

（2）簡單易學

減少阻力的技巧主要是藉著「大肌肉技巧」（Gross-motor skills），也就是身體主要肌肉群的動作。至於增加推動力，則是靠「小肌肉技巧」（Fine-motor skills）也就是身體各部位的肌肉動作。舉例來說，我們在初學仰式的時候，記住頭部的位置，遠比學習如何用手抓水來得容易。學習一些細微精巧的動作可能需要耗時多年，但頭部的定位卻能在初學的30分鐘內記住。要把這些位置鎖定在肌肉記憶裡，可能也要好幾個月的功夫，但只要開始學習降低阻力的技巧，你就會覺得每個小時都有進步。

（3）平衡是首要條件

消減阻力第一招──平衡──是你脫胎換骨的不

二法門。平衡會先讓你感覺舒適，其次可讓你獲得掌控權。掌握平衡後可獲得兩種好處，一個是擁有平靜專注的心，一個是對時機及姿勢作出正確判斷的能力。這兩者對掌握高級技巧所必備的精緻知覺來說，是很重要的。

效率游泳第一招：平衡

幾年以前，一位TI游泳班學員寄給我一封電子郵件：

「自從上游泳班之後，我每天游泳兩次，確定自己會記得平衡的感覺。每次下水，我都告訴自己，千萬、千萬不要忘了上次的感覺。我現在已能照正常步調游泳，同時仍感受到『平衡』漂浮前進的感覺。」

你可能以為這種有轉型潛力的技巧，大家都是這麼教，實際上許多人都錯將平衡不佳的毛病（例如雙腿下沉，兩手揮舞）歸咎於其他理由。想要克服疲累感，人們就游更久來鍛鍊體力；想要改善雙腿下沉的毛病，他們就增加打水的訓練。一般的教練或老師每次都只會丟給你一塊浮板，讓你去加強雙腿的力道，其實他們真正該教的，是平衡的道理。

為什麼平衡這麼重要？因為下沉是人類在水中必然會發生的狀況，不是全部沉到底，而是胸部在上（因為我們的肺是天然的浮筒）、腿部下沉（因為我們的下半身沒有浮筒）。我們天生是陸地上的生物，在

陸地上我們站立極為平衡，但在水中，我們只能頭上腳下地掛著。

　　我們這種在陸地上生活的生物，腦子和感官已被訓練成將臀部和身體在雙腿上部校準平衡。如果這個動作做不好，我們就會摔跤，後果嚴重。在水中，我們仍會習慣性保持那個直立的姿勢，雖然不會在水中摔得鼻青臉腫，但對划水來說可就非常困難了。雙腿下沉時，有三件事會影響我們游泳的效率：

（1）驚惶失措……開始手舞足蹈，以防下沉，因此造成水波阻力且浪費體力。
（2）胸上腿下的姿勢造成前方阻力，身體不像魚雷，而像推土機，阻力因此大增。
（3）身體失去控制，陷在大力掙扎的惡性循環中，無法安靜而有節奏地動作，花費許多力氣卻難以前進。

調整你的蹺蹺板

　　當胸部上揚，腿部下沉的時候，就像小孩玩的蹺蹺板，胖的小孩在一頭，瘦的在另一頭，永遠倒向胖的那一邊。你得把胖小孩向中間移動，瘦的則盡量坐在遠的那頭；身體也是如此，要平衡就得重新分配重量。

因身體構造使然，我們平衡的中心點不是在身體的正中間，而是在胸骨和肚臍的中間。如果你的腿很長或是肌肉發達，平衡點可能會再高一點，位於胸骨的下方，因此也會讓下半身更容易下沉。上半身愈長，平衡中心就愈靠近肚臍，也愈容易平衡（女性如脂肪較多，臀部和大腿的肌肉較少，平衡點也會較低）。

　　這裡有個簡單的方法來測試你的平衡度：在游泳池水淺的地方，請一位朋友把你壓到池底，再放手讓身體上浮。你先深呼吸，然後胸部、臀部、膝蓋都碰到池底，雙手不要動作，平置兩邊。如果你的身體很快浮起，腿部比胸部位置略低，表示你比較容易平衡。如果你的上身浮起，雙腳仍沉在水底，你可能要耐心努力學習平衡，不過收穫仍會很大。如果朋友鬆開手之後，你仍在水底很難浮起，你可能需要一些如蛙鞋的輔助工具來學自由式和仰式的基礎平衡。

　　「易沉者」注意：如果上述的測試，你是屬於最後一類的人，可能先開始學習蛙式會比較好，因為蛙式屬於胸上臀下的姿勢。練習蛙式時，可以先開始練習自然平衡、放輕鬆及訓練水感，找到平衡的感覺，再轉而學習自由式的平衡。

我不敢保證平衡一定好學，但平衡的要件相對簡單
——用頭、胸和向前伸直的手，將身體重量移至平衡點
前方。游自由式和仰式時，重要的平衡是身體略側向一
邊的時候，你的頭和脊椎成一直線，手臂向前直伸在頭
下方，上半身的重量即可傾向於前，平衡雙腿下沉的重
量。游蛙式和蝶式時，頭與脊椎也成一直線，藉著把胸
部下壓的力量，以俯臥的姿勢來平衡。在後面講解各種
泳姿的章節裡，我們會提供更多細節。

效率游泳第二招：拉長身體

一般人游泳習慣用手掌和手臂將水向後推，因為
他們認為推水向後，身體就會向前；划水愈快，就會
游得愈快。這類的人通常在手進入水後，就會迫不及
待地開始划水。但對TI的學員而言，手掌和手臂最主
要的功能卻是加長你的身體線。每一次划水循環，身
體拉得愈「長」（也就是手保持在頭的前方、手臂伸
直），速度就愈可能加快。

以上說法都是依據水的流體力學理論而來，造船
者數百年來使用的也是同一理論。造船的人都知道，
吃水線愈長的船，水波阻力愈小。這也是為什麼快速
的船隻結構都比較長，而且橫樑要短，吃水要淺。至
於用手划動的木舟，要靠人的力量快速移動（像游泳
時身體的作用），更要注意這種理論。

你可以在游泳時將身體伸展地更長，以達到流體
力學的效果：

（1）當每次划水結束時，徹底伸展你的身體。

（2）每次划水完，維持修長身體線的時間也要長一些。手在頭的前方時間越長，阻力就愈小，用的力氣也最少，如此一來，就可以游得更遠、更快。

　　因此TI教學包含兩個要件：（1）在划水前，手盡量向前伸展，拉長從指尖到腳尖的距離；（2）拉長身體線的姿勢時間愈長愈好，特別是在沒有推水的空檔時間。每一次划水循環，都有一個划水推進的階段，那時是由身體做工讓你前進；另有一個非推進的階段，讓你的肌肉有片刻的休息時間。做工時間愈短，休息時間愈長，心跳就不會加速。若同時又不希望犧牲速度的話，就要在非動作時間，藉由保持身體「長」且平順來蓄積動能。我們會在講解各別姿勢時，再說明減少阻力的各種細節。

拉長的身體線可以減少阻力，蓄積動能。

Chapter 8

增加推力

　　如果你能弄到一張奧運門票，得以觀察滿游泳池來自世界各地的頂尖好手在做暖身，你就彷彿看到一首視覺交響樂。這些選手在水道裡穿梭，試著不同的泳姿和速度，但他們都有一個共同的特色——手腳動作與身體和諧一致。

　　相反地，去看看社區游泳池裡的年輕朋友暖身，就會看到手舞之、足蹈之，但與身體的節奏毫不相干。數十年前，世界上最有影響力的游泳教練拍下最棒游泳選手如何游泳，我們才看到王牌和業餘真正的差別。

　　1970年，印地安納大學游泳教練達克‧康索曼（Doc Councilman）用水下攝影機錄下傳奇泳將馬克‧史畢茲（Mark Spitz）的游泳實況。他在史畢茲的手上裝了小亮片來仔細觀察手部的動作，康索曼觀看影片時驚奇地發現：史畢茲（游自由式）的手出水點在入水點之前。

　　這位世界頂尖游泳選手證明了一件事，他沒有用手把水推向後方，而是身體向前移動，超越那隻「定錨」的手，這是游泳理論的一個新發現。本章就來談談如何以兩種少見、但極為有用的技巧來改善游泳效率：（1）將手定在水裡——更準確地說，用手幫助你在水中定位；（2）用身體——亦即重力——做為你的推動引擎。

　　多數人都會用手來推水向後，但效果很差，原因在於：

（1）相較於身體而言，手的面積小得可憐
（2）推動像水這種捉摸不定的物質，對產生推動力
　　而言，效率甚低
（3）手臂肌肉如果做推水的動作，非常容易疲累

　　換句話說，像史畢茲的游法——以一隻定錨的手來抓水，既有效又有力，而且肌肉不容易疲累。史畢茲和其他天生高手可能很快就能領悟到訣竅，但我們可得要有耐性地學，如何讓手留在定位，而不是推水。

　　TI的教學法強調：身體做所有的工作，而且決定划水的節奏，如果要加速也是由身體來帶動；手腳只是聽身體之命行事，而且要和身體合作無間。即使泳速加快也不需太費力，因為身體的肌肉群非常有力，且不易疲勞。你應該知道，如果手腳大力動作，30秒內肌肉就會覺得累了。

　　當使用雙手在水中定位，而雙腿主要用來啟動身體重心轉移以產生動力，就不會覺得疲累，這和你用手推水，用腳打水的感覺截然不同。

有耐心的手

　　過去幾年，我仔細觀察過幾次高水準的比賽，發現從100公尺到1,500公尺的賽事中，絕大部分自由式的頂尖高手都有一個極特別的共通點：他們抓水都從容不迫，好像一點也不急著要開始划水。我同時也發

現，很多時候抓水愈快，泳速愈慢；抓水愈慢，泳速反而愈快。我幾乎不用看碼表，就可以從誰的抓水最從容不迫，來預測誰在最後關頭會勝出，我把這種技巧稱之為「有耐心的手」（Patient Hands）。

當教練們談及看到一個有天分的好手具備了「水感」，通常會以「有耐心的手」來形容他。我曾經有很長一段時間覺得「有水感」這件事就像身高一樣，是與生俱來的。在尋尋覓覓30年後，我掌握的技巧愈多，愈深信任何人只要經過有步驟的訓練，都可以學到這種特質。儘管你可能需要幾十個小時專注的練習，才能有一些類似的感覺，或許需要數年的時間，才能有參加比賽的實力，但這個追尋的過程，將會徹底改變你對游泳的感覺。而你花的力氣也會讓你脫胎換骨，變成一位我在序中所說的「完全沉浸」的泳者。

除了增加效率，這樣的游泳法最終可讓肩膀運動傷害的可能性降到最低。旋轉肌和肌腱受傷，多數是因為肩膀的支撐力不強，又在拉回時用了太大的力氣。當手臂伸直準備划水時，加諸肩膀的負擔最大，而肩膀此時又處於最不穩定的狀態，所以應減少肩膀的壓力，等肩膀位置固定，可以發揮力量時再去使用。

這樣的過程同時也可以讓你更專注於划水的動作。划水和揮動球棒、網球拍或高爾夫球桿一樣，一旦啟動就很難控制後續動作，所以開始的一剎那非常重要。這和傳統對划水的想法相去甚遠，以往都是教

導你划水要推水超過臀部，尤其後半段要加速，大拇指擦過大腿等等。但我們強調「用耐心的手」來游泳，則是將80%～90%的重心放在划水的最前端，因為那個部分才會使後續的划水動作更有效。當然還有一些其他應注意的事項，我們會在後面陸續介紹。

如何讓手有「耐心」？

你的目標是要讓手及前臂入水時極為放鬆，感受到水有若干壓力反回手上才開始划水。剛開始的時候，你可能連怎麼感覺都不知道，然後可能有幾個禮拜沒有任何感覺，但突然之間你會覺得那種輕微的壓力出現了。我自己的經驗是我的手突然感覺水變厚了，TI另一位教練韋斯奇拉（Bob Wiskera）則說感覺像是「抓住了月光」，我則形容像是「舀到布丁」；另一位教練柯溫（Cecil Colwin）覺得是「用手抓住、並包住水」的感覺。不管用什麼方式來形容，以下告訴你一些學習的捷徑：

（1）平衡

這是先學消除阻力、再學增進推力的另一個原因。要先能在水中平衡，手才不會在水中忙東忙西；設法穩住在水中不穩定的身體，手要先能定住，才能體會感受到前面所說的那種微妙的感覺。

（2）拳套

　　學會「耐心的手」的最佳工具就是拳套，有些人稱為「反划板」，因為划板的功能是叫人多用力氣，拳套則是讓你不能用力划水。我第一次戴上拳套游泳，感覺就像用撈麵勺在划水，漸漸地，我就可以慢慢感覺到對水的掌握力。一旦拿掉拳套，我一雙原本平淡無奇的手立刻就有了極敏銳的感覺，就好像澳洲魚雷索普（Ian Thorp，奧運金牌泳將）的手移植到我的身上，我才恍然大悟「原來水感就是這麼回事」。你也可以換個辦法來得到類似的感覺：將雙手握拳，伸出食指來划水，如果划得太快或太用力，食指會有穿水而過的急促感。若學會了「耐心的手」，即使是一指划水，仍可感受抓水的感覺。

（譯註：此處拳套（Fistgloves）指的就是一種TI特製的乳膠製手套，戴上後手如握拳）

（3）放輕鬆

　　雙手太緊張，就無法找到水壓反射的微妙感覺。雙手硬梆梆更不如輕鬆來得有效；放鬆雙手，手指張開也無妨，你就更能感受到水的存在；手放鬆的愉悅也要延伸到手臂、脖子和肩膀等其他部位。

（4）暫停

　　推水的習慣性動作可能很難改，但你要想辦法讓
手在入水後暫停，在身體完全伸展開來後，讓手停留
在水中一會兒，然後手掌和前臂輕輕下壓，感受水回
彈的那一點壓力。這個辦法可以讓你學會用手「定
錨」，然後用身體超過定錨點的技巧。你已習慣的推
水感覺仍會不時回來，但一定要想辦法找到那個「定
水」的感覺。

（5）緩慢

　　設法用最慢的速度做上述所有的動作，不論練習分解動作或全泳時都一樣。當你開始有定水和「耐心的手」的感覺時，花幾個小時讓那種感覺深烙在你的皮膚、骨頭和腦子裡，然後稍微加快速度游一小段，看看這種感覺是否仍然存在、是否仍然可以抓住那種「停格」的感覺、雙手是否放鬆、有沒有感覺到水變厚了、是否能在丟掉以前那種「推水」的感覺下加快速度？除非你能在加速時仍維持以上的幾個要求，否則就回到慢速游泳，不要貿然加快。

Chapter 9

用身體游泳

　　1999年我參加了美國國家游泳隊的訓練營,我們用錄影機分析隊員的動作,好讓他們能有充分準備去參加世界錦標賽。我錄下克莉斯蒂‧柯爾(Kristi Kowal)的蛙式,數周之後她奪下100公尺蛙式冠軍。後來檢視錄影帶時發現,柯爾在游蛙式時,雙手極力前伸,划水幅寬超過肩寬,然後再向前伸並短暫停留,接著以腹肌帶動臀部向前至手停留的地方,就像手拉單槓引體向上的動作,此處很像康索曼教練錄下史畢茲的自由式動作一樣,柯爾雙手在划水之後,回到原來開始的划水點,雙手伸直,她的臀部接著也跟至雙手先前的池底標線位置。此事說明用手定錨的功能:用臀部和身體的肌肉來做原先手臂肌肉所做的事。

　　我可以用簡單的方式來陳述推動力。練習划水分解動作時,在每趟划水時,因為是利用一般

身體協調的方式來達到平衡，身體的推進力會變成是自然產生的結果，這種方式很容易學習與體悟。我會在後面的章節中說明分解動作。以下是幾個共通點：

耐心耕耘，必有收穫

　　身體比手臂來得有力，動作也比較迅速。我們之所以強調手要有「耐心」，是因為你的手必須停留在定位，一直等到身體調整好位置、準備改變重心為止。如果手沒有耐心等待，就變成由手來做身體的動作。游自由式和仰式的時候，要讓伸出去的手停在定位，等感覺到身體另一邊要跟上來準備降落時，這隻手才能離開定位。游蛙式和蝶式的時候，雙手要在定位，等胸部已降至最低點，且臀部升至最高點時，手才向外划水。

動力向前送

　　TI教學法強調以重力取代原先手腳的力氣，但重力多半是向下走的，要把這股力量轉成向前的推力，手就要穿刺向前。過去你可能習慣將動力送往雙腳，TI則教你永遠要把動力往前送。游自由式的時候，以單手向前，另一隻手則在水中定位；仰式時也是一隻手在水中定位，另一隻手則划水完畢，準備重新進入水中。游蛙式時，胸部向下沉，雙手前伸；蝶式的時候，雙手輕輕地向前「放入」水中。蛙式和蝶式都是

雙手在前方定位，臀部隨著胸部下沉，再往雙手的方位向前移動。

由裡向外游

一般人游泳時，都是在想加速的時候，手腳動作就加快。TI的游法則是身體動作加快，再帶動手腳隨著身體一起加快。要記住，如果只是手臂加速，身體卻未能充分配合，那麼因為手臂要做所有的工作，所以很快就會疲累。如果只是雙腿速度加快，全身也會疲累不堪，而且效率甚差。我在前面的章節裡建議過，儘管加速，仍要維持手的「耐心」，只有身體要加速。在練習加速時要按部就班，而且仍要保持上述的感覺，這樣才會進步。

如何打水？

下一章就要來談談打水。在TI游泳中雙腿的主要任務是幫助身體的動作，而非對你的推力起什麼大作用（蛙式的踢腳除外）。所以你要專注於雙腿和身體的配合，在教導泳姿的章節裡會有詳細的說明。

Chapter **10**

打
水

　　如果說我對浮板確實沒多大的興趣，你應該不會感到驚訝（譯註：浮板是用來訓練雙腳打水或踢水的工具）。儘管速度快的選手在使用浮板時速度也會增加，我也曾聽說世界級的選手在使用浮板訓練時，速度也很驚人，但我對浮板在訓練中能產生什麼效果，仍持懷疑的態度。我相信一個有天分的選手如果游得快，那麼他用浮板也一定會游得快；但我更相信，沒有浮板他們一樣能游得很快，或甚至更快。要證明我的理論，就得在訓練時不用浮板，看看他們的表現是否受到影響。但這得要選手或教練大膽先進，才敢丟掉一個幾乎被廣泛接受的訓練法。

　　確實還是有些人曾冒險在訓練時刪掉浮板這個項目。過去10年，我和所有TI的教練都放棄使用浮板，當然來上課的學員也沒有用過這種東西。雖然這個取樣並不大，但所有人都覺得不用浮板的效果比用了還好，也從沒有人抱怨過因為不用浮板，而感覺雙腿無力或容易疲勞。

　　大部分的學生和教練都覺得浮板有用，因為他們認為雙腿需要訓練和加強，才能游得好；沒有浮板訓練，雙腿就會無力，容易疲勞。這種想法有兩個問題：（1）打水如何增加推進力？又需花費多少氣力？（2）浮板真能讓雙腿強而有力到對泳速有實質上的進步嗎？

　　要回答第一個問題，傳奇教練康索曼在50年前設計了一項實驗，他以不同的速度用繩子拖著泳者向前，有的人用腳打水，有的雙腿成流線型體位。他以

每種不同速度測量繩子的拖力，其中只有在緩慢的牽引速度時，打水減低了拖力（也就是增加了推進力），但只要超過每秒5英尺以上的拖曳速度（每分鐘拖行100碼），打水都絲毫起不了作用，甚至還增加阻力。

康索曼發現，泳者只用手不用腳時，泳速比只用腳不用手還快。所以他用一部前輪驅動和後輪驅動可以分開操作的車子來研究手與腳的作用；如果前輪速率每小時30英里、後輪速率每小時20英里，前後輪同時驅動時，這部車子的速度並非每小時50英里，而是低於每小時30英里，因為後輪會造成阻力。同樣的情況也適用於游泳，如果太強調打水，則只會增加阻力，並更加費力，動作多反而速度慢。

還有其他實驗測試過打水消耗的能量，此項研究比較競賽選手只用手、腳或手腳並用時消耗的氧氣，結果發現用力打水大幅增加能量的消耗。其中一項實驗結果發現，打水60秒游50碼（這是一般競賽的平均速度）所消耗的氧氣是只用手時的4倍。

所以前面第一個問題的答案是：用力打水只能略為增加推進力，卻同時增加相當大的阻力，使你在游泳時消耗能量。因此，泳者要想盡辦法增加打水的效率，而不是增加打水的力道。

浮板會讓雙腿更有力嗎？

一如所有的體能訓練，浮板訓練無疑會讓你增加體適能，但在使用浮板訓練和實際游泳時，使用雙腿

的功能各不相同。使用浮板時，大腿肌肉出力最多，而游泳時，身體是主要推動力的來源，大腿肌肉好像「力量連結器」，將腿的動作和身體連結在一起。所以訓練大腿肌肉作推進之用，只是訓練它們來浪費體力並增加阻力而已。你要這樣想：浮板訓練是訓練大腿來推動浮板前進，而不是訓練腿部配合身體的動作，進行有效率的游泳。除非你想參加一場浮板推進比賽，否則作浮板訓練的目的何在？

　　我再比較一下自己1970年時當大學校隊和現在作為資深泳者的經驗就更清楚了。年輕時我苦練浮板打水，確實讓我打水速度加快，但每次參加比賽，雙腿很快就疲累了，對泳速一點幫助也沒有。現在我用浮板打水50碼速度甚慢，因為過去10年，我根本沒有做浮板訓練，但現在我的雙腿對泳速卻大有助益，不管練習或比賽，雙腿從來不會累。

　　所以差別在於我當時是個平衡做不好的泳者，而浮板訓練根本不能改善因為不平衡所造成的雙腿負擔。現在我的平衡極佳，而且使用2拍（two-beat kick）打水（後面會說明）來持續改善雙腿與臀部及手臂的整體配合，這種整體配合練習讓我的雙腿獲得所有必要的訓練。

右腳打水和左手刺向前方同步

我在1996到1999年擔任西點軍校游泳校隊教練時的情況也是如此。儘管短程選手比像我這種長程泳者更需要有力的打水，但他們仍接受腿部與身體完整配合的訓練，不管在練習或比賽時都是如此。

我們不斷提醒選手，整體配合比單純用力更重要，我常常會發現有人打水太用力而忽略了整體的配合。我都會各別告訴他們，要注意打水和身體須合為一體，而非用腿一路硬撐到底。所有經過調教後的選手無一例外地都聲稱他們能更輕鬆地加快泳速。

如何調節打水

沒效率的打水會浪費體力，增加阻力。相對地，有效率的打水可幫助啓動重心的轉換，釋放出身體的力量。關鍵在於要讓雙腿動作自然而有效，避免非必要的動作。時機準確地打水，可以讓身體重心轉移時既省力又擴大效果。我們可以做個測試：雙腳站立略比臀部寬，雙手自然垂下。接著左右轉動你的身體，讓雙臂也跟著身體自由擺動，此時你會感覺雙腳有種受拘束的僵硬感，因為雙腳限制了你的行動，也造成一種壓力。這就和游泳時雙腳不動或雙腿夾著浮筒一樣，雙腳不動會造成扭力，限制身體的自由轉動。

再試一次上述的動作，這一次把一隻腳的後跟提起來，你會發現可以左右旋轉角度各增加30度，壓力也相對減低；如果再稍微推一下提起的那隻腳後跟，你會發現旋轉的速度和力道又可提高一些，這就說明

了打水和身體動作協調的原因。

　　最後，試著旋轉身體，但雙腳原地踏步，整體協調一定會遭到破壞，所有動作也變得凌亂無章。不協調的腿部動作擾亂了節奏以及原本因協調而產生的動能。這就是我在錄影帶上看到平衡不佳泳者的現象；他們覺得雙腿下沉，於是雙腳用力打水，動作慌亂，不協調的打水不但不能校正失去的平衡，也破壞了身體的旋轉動作。平衡做得好的泳者，就不會像這樣亂了章法，而是用一種輕鬆的打水動作來配合身體的協調。

　　我在前面說過，我反對浮板不是因為它是否浪費時間，而是使用浮板時，除了激起大量水花之外，是否能幫助我們更有效地利用時間？透過以下具體的分解動作，我們會說明如何經過練習，來改善打水和身體及手臂的協調關係，達到省力且增加效率的成果。

蝶式雙腳打水幫助身體拉成流線型

蛙式雙腳踢水幫助身體拉成流線型

Chapter 11

蛙式

行遍天下，蛙式（Breaststroke）都是最受歡迎的一種游泳方式，原因可能就是這種游法不需經過痛苦掙扎，且簡單易學。如果你一開始學游泳，自由式不易上手，那就先來試試蛙式吧。它可以讓你增加信心，體驗水感，在學會需要更準確技巧的自由式之前，先下點準備功夫。

我個人特別喜歡練習蛙式，因為和其他泳技比起來，游蛙式時在水面下的時間最長，可以增強頭、手臂、雙腿拉成流線型的感覺，大幅減少阻力；另外，游蛙式時，雙臂、雙腿同時動作，讓我在水中獲得有效發揮力量的感覺。

蛙式很適合訓練耐力，不休息也能游很長的距離，因為蛙式可以用平衡且流線的姿勢在水中滑行，心跳得以控制，這也是長泳的關鍵所在。

蛙式固然適合長泳，但它也可以在短距離內加速，而且極有效率。厲害的蛙式選手速度甚快，大部分游自由式的人都追不上，世界男子與女子百米蛙式的記錄都在1分鐘以下。所謂厲害的蛙式選手和一般人游蛙式的主要區別，在於他們的蛙式多半時間是以流線型姿式在「水面下」進行，一般人卻在「水面」進行。以下，我們就會說明如何以高效率蛙式來長泳，以及如何快速度地游短泳。

重新認識蛙式

　　傳統蛙式強調以雙臂划水，以雙腳踢水。TI的蛙式則教你盡量以流線型姿勢在水面下滑行，這樣最能提高效率。由於水的阻力在水面下最小，所以消耗的能量最少，增速可能最大。因換氣和划水而必須露出水面時，角度也不要太大；換言之，蛙式不論在水面上或水面下，都要貼著水面游。

　　TI的蛙式有三個重要的動作，都和整個身體密切配合：流線型（Streamline），臀部加速（Accelerate Hips）以及魚叉動作（Spear）。有些游蛙式的天生好手，他們的腳踝、膝蓋與臀部的彈性與生俱來，在做魚叉動作的踢水時，可以產生很大的推動力。但我們仍可經過訓練，學習流線型和加速效率的動作，把蛙式游得更好，減少混雜式游泳的負面效應，享受蛙式的樂趣。

流線型

　　在每次划水的開始和結束時，都要維持流線型的體位。當身體在水面下拉長成流線型，如同魚兒前進時，此時阻力最小，前進的動能也最大。配合這個動作的方式相當簡單，不需要什麼天分，所以也最容易學習。在練習流線型體位時，記得用胸部支撐，臀部與身體在同一水平並保持在水面之下，效果才會最好。

　　以流線型體位滑行後，再將雙手分開略比肩寬，開始划水，除非是在參加50公尺以下的短程競賽，否則就慢慢來。雙手張開划水向後，記得從頭到腳尖都要保持流線型。

　　流線型非常重要，不管其他動作怎麼做，划水多寬、多深，換氣時角度多高，雙腳踢水時機和開展的大小，都視你能多快回到流線型的體位為準。

臀部加速

　　用臀部作游蛙式的加速機既省力又有效率。腹部肌肉帶動臀部向前，此一動作可幫助雙手收向身體中央，也幫助雙腳向臀部內收。

　　當雙手前伸擴張至最寬角度，同時準備內收的時候，膝蓋微彎，這個動作會減短原本拉長的身體線，讓臀部加速和加力向前，同時也讓雙腳收向臀部。因為臀部向前的動力，雙手可以更容易地收向胸部。此時雙肘不要下沉，保持在雙肩之外以及雙肩前方，然後收雙肘，再將雙手收至鼻尖下，向前送出，恢復流線型體位。

　　臀部加速的動作等於是為身體各部位添加動力，腹肌會拉動臀部推往雙手的方向。以臀部為動力，也可加速雙手收向中央，同時幫助雙腳收向臀部。

魚叉動作

　　魚叉動作將臀部加速的力量轉換為向前的動力，並讓身體成為流線型體位。雙腳收至臀部後，腳趾向外，以足背的部位抓水，臀部已準備好推動上半身向前，進入第二次的划水循環。此時雙手回收、雙掌相對，有如在「祈禱」一般，指尖位於鼻尖附近。接著雙腳踢水，推動全身向前衝刺，如同魚叉穿過水中一個小洞，同時又拉回到流線型體位。雙腳踢水是推動身體及雙手向前穿過小洞的主要動力，這些動作的整體協調可以讓你以最少的體力，游出最快的速度。

　　臀部加速和魚叉動作的時間要快速，大部分游蛙式的時間是以流線型體位在水下滑行的，因為前兩者的動作是身體在做工，而流線型體位則是身體處於休息狀態。另外，流線型才是速度與前進的最佳體位。

頭部的位置以及如何換氣

除了上述三個動作之外，在此也要特別說明換氣和踢水。頭部位置是整體行動的關鍵，頭部如果上下起伏，身體上下起伏就會更大；頭部如果位置穩定，那麼能量動力就會導向前方。雙手回收時，嘴巴自然出水，而不是硬把頭抬起來換氣。

下巴應略為下收，雙眼看向水面，而不是看向池邊。換氣之後，頭部在雙臂之間，這樣雙手、頭部和身體才能穿過水面假想的小洞。頭部換氣後入水，在成流線型體位滑行時緩慢持續地吐氣，不要憋住呼吸。

有些厲害的蛙式泳將，在換氣時可能出水角度較高，但我在教授初級和中級班學生時，仍會告訴他們換氣時口部接近水面的效果最好。角度拉高需要更多體力和全身的配合，角度略低，動作就會比較容易。

踢水

　　以一般泳技而言，上半身佔了60％～90％的推動力，腿部只是穩定身體或用來協助身體的轉動。但游蛙式時，踢水卻是動力的主要來源，厲害的泳者踢水產生的動能比例較高，一般人較低。即便如此，踢水動作的能量仍來自於身體，和手臂划水的動作一樣，在臀部發起勁力之後，雙腿跟進踢水，速度隨之而來。

流線型體位

　　身體呈流線型時，雙腿不要下沉，雙腳併攏，跟隨上半身，假想穿過水中的一個洞，腿背打直，腳掌略呈內八字。雙手內收划水之前，先向外分開，略比肩寬，再向身體中心划入。

收腿

　　前面說過，用臀部加速，而非腿腱用力，將雙腳收往臀部；收回時，注意角度不要太大，要在身體寬度之內，也不要抬得太高，但速度要快。

衝刺

　　腳趾迅速朝外抓水，然後向後踢水，感覺好像跳芭蕾舞的舞者，彎膝後彈立而起，就像用腳尖站立一樣。踢出後，雙腳像「鼓掌」般併攏，腳趾前伸，感覺像要「擠出」雙腿間的水，再恢復到原先的流線型體位。在水面下滑水向前時，胸部微向下壓好支撐身體。

蛙式分解動作大剖析

　　由於流線型體位非常有利前進，我們不管是學雙手划水、換氣或踢水，都要以能迅速回到流線型體位為目標。

第一步：水中定位

我們的目標是：

（1）雙手划水緊密迅速——要讓身體拉長的時
　　　間盡量持久

（2）手的功能主要是在水中定位，其次是划水
　　　將身體引導向前

（3）將划水和換氣緊密結合

分解動作1.練習划水

先練划水，暫不換氣，主要讓頭部維持穩定。

（1）身體拉長成流線型在水面滑行，為了維持
　　　身體水平，有需要的話，兩腳輕輕地上下
　　　打水，否則就讓雙腿浮著。記住頭部和脊
　　　椎要成一直線。

（2）頭部不動，雙手在比肩膀略寬的地方輕輕划
　　　水，划水時雙手前伸，手指也要盡量前伸。

（3）雙手向外張開至十點和兩點的位置，暫停
　　　一下，然後如同抱水般抱向鼻子前方，此
　　　時雙手仍保持在視線之內。雙手轉變方向
　　　朝內划水時，雙肘略微抬起向身體收攏。

（4）回到流線型體位，持續在水中滑行（此時
　　　雙腳可以輕輕打水），讓身體穩定前進直到

划水前的狀態，此時雙手又開始作下一個划水動作。

（5）專注練習這個動作10～15分鐘，溫和、有節制地動作，而且雙手穩定抓水。

分解動作2.練習換氣

要學會換氣時下巴不要向前伸。

（1）先蹲在淺水中，練習將頭伸出水面，再降回水中，但記住下巴不要向前伸。

（2）頭伸至剛好可以呼吸的高度，再降回讓水剛好淹到頭頂。做這個動作要好像戴著頸套（譯註：一種脖子或頸椎受傷時固定脖子的醫學器材）一樣。頭部下水時，鼻子即開始呼氣。做蛙式分解動作或游全泳蛙式時，頭部都要維持這個固定的位置。

（3）保持蹲著的姿勢，但用手輕輕划水。手向前伸時，頭下降至頭頂剛好被水淹過的位置；手向胸部收回時，將頭伸出水面，記住頭部不要上下點動。

分解動作3.划水配合換氣

將划水和換氣完美整合在一起。

（1）每划3～4次水，才換氣1次，逐步增加頻率，最後是每次划水都換氣。

（2）雙手前伸時，頭部仍要保持平直。在雙手向內划水之前，要暫停片刻。划水時，下

巴剛好浮出水面，雙眼朝下看，雙手也要在視線範圍內。

（3）雙手併攏後，身體要前傾，雙手向前時，頭部正好落在雙臂之間，避免激出水花，滑行至你覺得身體已經恢復平衡，便可以開始下一個划水的動作。

（4）計算一下用上述動作游25公尺需划水多少次，要設法降低划水數。練習這項動作愈安靜愈好，不要激出水花。嘗試下列動作：（a）雙手張開幾個不同寬度，看看能否保持平衡？（b）雙手收向鼻端之前，暫停時間可以多長？（c）所有動作都不搶快，然後雙手向內划水的動作可以逐漸加快。

第二步：身體與臀部完美結合
如何學習臀部加速以及魚叉動作？

第1招：雙膝微彎
（1）前面在用手划水及滑行時，雙腿都要打直。現在當雙手開始划水的時候，雙膝要自然、微微地彎起（好像折筷子一樣），在身體向前傾落的時候，再將雙腿拉直。

（2）練習在雙手前伸時，同時身體也拉直。

（3）練習這個溫和巧妙的動作，暫時不要去管腳趾和腳掌，先練習動作的時機點。

（4）呼吸時雙眼朝下，下巴貼近水面，頭部穩定。

第二招：雙腳併攏

（1）雙手前伸時，迅速有力地做一個雙腳併攏的動作，注意雙膝不要全彎，只要微彎即可，然後用力蹬腳、併腳。

（2）以蹬腳動作的力量推動雙手向前。

（3）手腳動作要協調，同時拉長伸直。

（4）頭、手、身體像魚叉一樣穿入水中，然後在水面下滑行。

（5）換氣和頭的動作都要平順連貫。

第三招：足趾外踢

（1）將前述動作中的腳趾向後改成腳趾向外，速度不變。

（2）蛙式踢水要緊密、迅速、精準。

（3）划水和踢水都是要幫助身體拉成一直線，在水面下滑行。以上幾個動作能配合完成，就是完整的蛙式了。

學習踢水

　　許多人都覺得蛙式中腳趾向外踢水很難學，如果你也是其中之一，那麼可以用蹬腳來游蛙式，不過下面的練習可以幫助你學會腳趾向外的踢水法。

用池壁練習
　　身體垂直，用手扶著池壁排水溝，下半身貼著池壁：
（1）下半身和膝蓋貼著池壁，雙膝併攏，提起腳後跟至膝蓋的高度，動作不需要快，但雙腳要併攏。
（2）上述動作暫停片刻，雙腳腳趾轉為朝外，再暫停片刻，體驗用腳背抓水的感覺。
（3）雙腳向下踢水。
（4）雙腳併攏，腳尖向下恢復原來雙腿拉直的狀態，稍停後再做下一次踢水的動作。

仰式踢水
　　仰躺水面，雙臂置於身側，或伸直於頭前，躺在水中，感覺背部有水支撐：
（1）類似前述的動作，彎曲雙膝，讓腳跟置於膝蓋下方，膝蓋要在水面下，雙腳併攏，位置在腿下。
（2）雙腳在膝蓋正下方時，雙腳腳趾轉朝向外，向後踢水，踢水時雙腿只要略微張開。

（3）用力踢水後，雙腳併起，腳趾向上回到水面。

（4）算算看這樣游完25公尺要踢水幾次。

垂直踢水

　　抱住一塊浮板維持浮力，用上述的辦法踢水，但是採連續動作，中途不要暫停。專注於訓練：

（1）動作要快——雙腳迅速提起，迅速下踢

（2）動作要完整——不要只是搶快，踢水後要將腿完全伸直，腳背與腿連成一直線

　　練習直到踢水的次數和用仰式踢水游完25公尺的次數相同，再做休息。

俯臥踢水

　　　　練習時先不要換氣，熟悉頭部的位置，與脊椎
成直線，特別是在雙腳踢水後，頭與全身立刻成流
線型。踢水3～4次，先不要換氣，熟練後再配合換
氣。

（1）身體先保持流線型，然後雙膝微彎。

（2）雙腳向後踢水，全身再恢復流線型。

（3）雙腳向後踢水，要能感覺到這股推力將頭向
　　　前推，全身連結地更緊密。

1

2

練習踢水時配合換氣，並配合雙手做一個「迷你」划水的動作。

（1）身體保持流線型；雙腳打直後伸，雙手略向外張，頭些微露出水面，好像向前「偷望」一眼。

（2）雙掌由外向內翻轉，雙膝略彎。腳跟向上抬時，嘴巴已出水面，但下巴不要向上抬，雙手在下巴前方。

（3）雙腳向後踢，頭在換氣後回到水中，身體又回到流線型。

（4）雙腳併攏，專注感覺頭、手、腳成一直線，你應可感受雙腿的推力將全身「推」得更緊密。

以上兩種練習，都要讓身體在踢水前後，於水面下盡量滑行向前，胸部向下壓，讓臀部浮起，身體才會保持水平。

3

4

5

蛙式圖解

1 ▲
▶
雙手向外划水時身體線拉長

2 ▲
▶
雙手向內收時，頭部不要動

3 ▲
▶
雙手向下巴收攏，雙膝微彎

4 ▸ 當雙腳抓水時，雙臂和頭部成流線型

5 ▸ 雙腳向後踢，雙手像魚叉刺向前方

6 ▸ 身體保持流線型，胸部向下壓

蛙式實戰練習

　　蛙式和蝶式以短距離做訓練效果最好。以較長距離來練習自由式或仰式，姿勢尚可保持完整，但對初學蛙式的人而言，卻不容易。短距離訓練並不表示這種泳技困難。以巴羅曼（Mike Barrowman）和畢爾德（Amanda Beard）為例，兩人都曾打破200公尺世界蛙式記錄，他們平日的練習都很少超過50公尺。他們每個套裝訓練的總距離或許很長，但其中混雜各種單項訓練及全泳訓練。他們常做的是50公尺划水—50公尺全泳—50公尺踢水—50公尺全泳，而不是100公尺游個10次，或200公尺游個5次。

　　這種套裝訓練證實的確比較有效，因為蛙式的整體協調和手腳配合必須相當好，若體力略為不足，注意力不易集中很可能就會誤將不正確的動作儲存在肌肉記憶裡。在初學蛙式的頭幾個禮拜或幾個月，我建議按照以下的步驟來做。一共有兩種練習方法：

（1）每一分解動作游25公尺或50公尺，連續4～8
　　　次，直到你能持續體會個別分解動作的要點；
　　　再接著學習下一個動作。

（2）每一分解動作游25公尺，連續2～3次，然後以
　　　全泳游一次25公尺，注意體會同一要點在兩者
　　　之間的感覺。

練習要點

　　每次游全泳都要選擇以下任一重點來加強：練習要點、時機協調訓練、划水次數，或划水次數與時間的綜合計分（Swim Golf）。每次訓練不要只是為游而游，而要有一項清楚的目標。以下是蛙式的練習要點：

🔹 頭部與脊椎成一直線，兩眼朝下看，下巴靠近水面
🔹 換氣時好像頸部戴著頸套
🔹 手向前伸之後要有耐性（讓身體滑水前進），向內划水時要加強力道與速度
🔹 雙膝微彎後，手和腳的動作要有爆發力
🔹 踢水動作要小、快、準；身體維持流線型
🔹 以線穿針假想身體在水面下像線穿過針眼一樣；水下滑行時間要比水面的動作時間長一倍
🔹 滑行時胸部下壓，感覺臀部向上浮
🔹 動能隨時往前送，向前划水，向前換氣，踢水向前，身體前傾入水

動作協調的時機

（1）要先看到雙手前伸至極限，臉部才回到水中。這
　　　個要點是要確定雙手在前伸時中途不致停頓。

（2）踢水時要靠踢的力量把手帶向前方，這個要點是
　　　防止雙腳踢水時出現無助於推進的「空檔」
　　　（Dead spot）。

（3）用下面的套裝來練習（每項練習25公尺）：（a）
　　　雙腿併攏後，身體呈流線型，並數到2；（b）雙
　　　腿併攏後，身體呈流線型，只數到1；（c）雙腿
　　　併攏時，雙手立即向外分開；（d）雙腿併攏之
　　　前，雙手就向外分開。以上4種方式每種游個4、
　　　5趟，學習如何從慢泳平順地逐漸加速。

（4）專門練習「胸─臀─起伏」的節奏。游得慢時，
　　　這個節奏也放慢。要加速時，這個節奏也隨之加
　　　快。不管節奏多快，身體都要完全拉長，並完成
　　　起伏的動作。

計算划水數及綜合計分

（1）使用上述協調時機訓練的第3種，游25公尺的距
　　　離，每次划水數上下範圍控制在3～4次。學習調
　　　整時間和節奏，試著準確控制划水數，在每趟游
　　　泳前，都能先設定划水數，並能準確地完成。

（2）用計時器來計算時間，在一定的划水數之下，試
　　　著減少所需要的時間；想辦法增加力道，使划水

數在低標時仍能減少所需的時間。舉例來說，如果游25公尺需划水6～9次，那麼以划水數6～7次為標準，你能游得多快？

（3）用50公尺、75公尺、100公尺來練習，先以低划水數來游，每趟增加一次划水，這種做法讓你能準確地掌握時間和划水數的關係。

（4）先設定距離（例如50公尺、100公尺、200公尺等）再決定SPL（例如每25公尺划水6次），比較不同SPL（每趟划水次數）的綜合分數（划水數＋秒數＝綜合總分）。

Chapter 12

仰
式

不可不知的仰式知識

　　仰式（Backstroke）和捷式（自由式）密切相關，因為本質上它們都是長軸游泳，也就是以脊椎為軸線，身體依此軸線而左右轉動（Rotation）。（蛙式和蝶式為短軸游泳，以臀部的橫寬為短軸，身體依此軸線而轉動，準確地說，是依此軸線而上下起伏）。長軸游泳的共通之處在於經常保持平衡，藉著以脊椎為主軸拉成的身體直線（手、脊椎、腳）和身體的轉動來減少阻力，最後是藉著身體重心左右變換來前進。因此，仰式學得好，自由式亦可受益，即使你不是刻意要藉此助彼。

　　仰式特別之處在於你是把臉朝上游，而且往相反方向游，因為看不到池底的地磚線，也看不到池壁，所以不知何時該轉身。此外，游仰式時力道也不易完全施展，因此，採用特別的技巧與平滑的身形來游仰式是很重要的，這點對其他種游泳方式也是一樣的。

　　基於以上的理由，平常主要練習自由式的泳者，也應該學習仰式的技巧。我自己練習三鐵（游泳、單車、跑步），也喜愛長泳，常用自由式參加開放水域的長泳競賽，但平時在游泳池中練習時，我會游幾趟仰式；通常我會在自由式快速游泳前後，做仰式的分解動作或全泳練習。雖然自由式和仰式用的是同樣的肌肉群，但因為動作相反，所以輕鬆地游仰式可以「按摩」疲勞的自由式肌肉群，原來繃緊的肌肉現在可以拉開，反之亦然。

除此之外，自由式的換氣需要一些技巧，如果姿勢不對，許多人會游得很緊張。仰式的換氣就比較輕鬆，隨時都可以進行。我練習仰式最大的原因，其實是因為覺得它是一種享受，最能讓我覺得像魚一樣在水中輕鬆前進。同時我也喜歡面對不同技巧的挑戰，不同技巧可以增加我的整體「水感」。為了準確測量改善的幅度，每年我都會參加幾次成人組仰式比賽，參賽會讓我練習時全神貫注、動機超強。你可以像練自由式一樣練習仰式，因為長軸游泳較短軸游泳更容易保持效率，因此能有效利用仰式來鍛鍊耐力。

如何減少阻力

先學平衡，這樣你才會經常感覺到水的浮力將你托起來；從一側轉向另一側，因為側臥的身形更平滑；最後要注意在每次划水後，身體拉長的時間要久一點。

在水中放鬆

當你覺得要下沉時，本能反應是上身仰起以免嗆水，但這個動作會讓你的臀部更往下沉，連帶影響雙臂舞動尋找支撐，更無法發揮推進的功能。

身體平衡的最佳辦法就是入水放輕鬆，將頭向後仰，讓水面淹過耳朵，直到碰觸到蛙鏡邊緣及下巴，但記得頭和脊椎成一直線，下巴不要刻意抬起。肩胛向下壓，也就是上背部向下壓，臀部和腿部才會因上

揚而覺得輕鬆。奧運選手及記錄保持人克萊斯伯
（Lenny Krayzelberg）總是專注練習讓一側髖骨浮在
水面，當他將頭部壓低時，他知道臀部必定會升高。

左右側轉動

　　當你輕鬆躺入水中時，將一邊髖骨浮在水面，此
時左右轉動就容易多了。左右轉動可減少阻力，以節
奏和力道帶來推動力。以下是幾個增加推力的方法：

- 保持頭部不動，讓其成為身體轉動的中軸線。假
  想有一條直線從你的頭頂經過脊椎直到腳趾，這
  條線如同一根雷射光束，依此直線左右轉動。
- 每次轉動時感覺髖骨的一邊碰觸水面。克萊斯伯
  說：「我游仰式的時候，都會感覺一邊的髖骨在
  水面，轉動之後，換另一邊浮出水面」。

· 轉動時一邊肩膀要浮出水面。用右手臂划水時，左邊肩膀應浮出水面，感覺不到任何水的阻力，反之亦然；肩膀的轉動與臀部轉動感覺不同，但兩者都很有幫助。

· 背部要放輕鬆，練習臀部和肩膀轉動時，頭部、肩胛都要輕鬆地「躺」在水裡。

長時間保持平滑身形

　　在談蛙式的時候，在水面下保持流線型滑行的時間愈久愈好，因為此時阻力最小。游仰式的時候，當身體從指尖到腳尖完全伸展，並呈現側傾姿勢時，此時的阻力最小。試著保持這種體位久一點，同時一隻手有耐心地抓水，另一隻手可能正在划完水後回頭的三分之一路上，此時迅速地將另一邊臀部轉至水面，體位亦轉至最低阻力的姿勢。

如何增加推力

　　我們在第六章和第七章講過，增加推力最有效的辦法，就是以身體的力量配合有「耐心」的手。

抓水

　　一隻「耐心的手」可以幫助你避免過度依賴手臂的肌肉。以手掌和手臂最窄的部位（手刀）切入水中，盡量減少水花。手掌完全沒入水中時，掌心朝向側面，然後旋轉手腕和手掌，掌心朝向腳的方向，好像要用手掌抓水一樣。這個動作主要在旋轉手腕和手掌，手肘只要微彎即可。記得從手到腳要拉成一直線。

身體是發動機

　　注意兩個要點：

· 雙臂要互相配合同時旋轉並抓住下列的感覺：（a）雙臂好像連在一根橫軸的兩端，揚起的手臂因轉動而增加划水手臂的動力；（b）腹肌和背肌充分配合雙臂的動作。

· 在做上述划水動作時，注意要讓髖骨配合節奏，兩邊輪流轉至水面；設法感覺到有節奏的臀部轉動力量帶動身體的肌肉，將力量傳輸至雙臂。

仰式的關鍵詞

用下列詞句配合想像來實行划水的動作。

(1)切水（Slice）

假想手掌外沿和小臂如同刀鋒，入水彷彿用刀切下一塊奶油；在水面不要停留，從手臂抬起的高點直接切入水中，終點是手和肩膀都低於身體的位置。

(2)包水（Wrap）

手後伸至肩膀外沿，好像要碰到水道線，感覺要用手包住水，這樣才能把水擲向腳部。試著用手掌感覺水受壓回彈的力道。

(3)扳手腕（Wrestle）

先躺在地上練習這個動作；身體略為側躺，手臂向後方伸直，手肘和手背接觸地面，然後反覆將手掌舉起，手肘貼地不動，手掌超過肩膀再放下，好像兩人做扳手腕的較勁動作一樣。在水中時，手掌包水之後，手肘彎曲，前臂內側朝向雙腳，可以感覺到水的阻力。

(4)擲水（Throw）

當手越過手肘的位置後，用手掌將水「擲」向腳的方向，這個動作有點像打籃球時，用手「運球」的動作，然後手臂出水，手背向上。

（5）視線（**Sight**）

當手臂出水垂直成90度時，手心轉向外側，雙眼看到自己的手高舉伸直，如同槍管一般。

記住這些關鍵詞，等一下在分解動作時我們還會再用到。在游全泳時，也可以用上述的關鍵詞作為訓練的重點。

打水

儘管2拍打水在（手臂每划一次一拍）在自由式中很常見，而在游仰式時，幾乎所有人都雙腳打水6次。

・雙腿要很有節奏地隨著身體轉動，右手入水時雙腿也面向右邊；左手入水時，雙腿則面向左邊。打水要輕、柔軟、有節奏，不要過度操作。

・打水可以在水面帶起一些水波，但膝蓋和腳都不要超過水面。

．打水時從臀部發力，雙腿幾乎是打直的。你可以用垂直打水法來練習打水，即身體直立水中，雙腿用自由式的方式打水；也可在胸前抱住一塊浮板，直立水中，打水數秒鐘後即左轉四分之一圈，或右轉四分之一圈。

仰式分解動作大剖析

第一步：取得平衡，最舒適的位置（Sweet Spot）

在水中放鬆，好體驗舒適、穩定以及水的浮力，設法找到適合的轉動角度，建立一個長而俐落的身體線。

．躺入水中，臉與水面平行，水面正好位於蛙鏡邊緣。在任何時候都保持這個位置，臉部旁邊的水面要安靜無波。
．輕輕地打水，轉動至側邊時髖骨邊緣正好在水面；轉動時頭和脊椎要成一直線，不要隨便亂

動，此時的角度即為「最舒適的位置」。

· 旋轉後一邊髖骨浮至水面，兩邊肩膀略往內收，
　背部有點像獨木舟的船底，這樣一邊肩膀也較容
　易露出水面。

· 輕鬆地躺在水中，保持呼吸的均勻。

練習要點：

（1）首先，讓右邊髖骨浮在水面，雙腳輕輕打水從
　　　泳池一邊游至另一邊，然後用左邊再試一次。
　　　頭部不要亂動，打水要輕鬆、緊密，假想自己
　　　被一根繩子綁在頭頂拖著在水中前進。每次先
　　　試側向一邊，一直到你覺得輕鬆、穩定、身體
　　　能拉長成流線型為止。

（2）加入轉動的動作：先將身體側向一邊打水游至
　　　池中央，此時勿激起水花，轉動另一側髖骨至
　　　水面上。多做幾次練習，直到兩個側邊都很均
　　　衡，轉動也輕鬆自在。

（3）覺得控制自如的時候，增加轉動的頻率。一開
　　　始時，你可能每游25公尺只轉動1次，但應逐
　　　漸增加至6～8次，如果你才剛開始學習仰式，
　　　應多花點時間讓自己能覺得舒適及控制自如。

（4）如果你是仰式的初學者，現在就可進到下一個
　　　分解動作。如果你已經有一些底子，只想改善
　　　划水，那麼就要穿插做分解動作及全泳，直到
　　　這兩項訓練都能達到頭部保持穩定，且在髖骨
　　　轉動至水面時，能夠感受到相同的韻律為止。

第二步：流線型體位

本節將教導你在每次划水前如何做到穩定又流線型的體位，以及如何減少阻力，好達成漂亮的切水及有效抓水等動作。

- 以上述的平衡姿勢（Balance Position, BP，見圖1）雙腳打水，一邊髖骨側緣浮至水面，將手臂舉至頭部上方再轉至肩頭前面，以「手刀切奶油」的位置入水，此時髖骨轉至另一側水面，這個體位就是流線型體位（Streamline Position, SP，見圖2）。停留在這個位置直到你覺得平衡且穩定時，剛才入水的手划向身側，另一隻手同樣揚至肩頭前方再切入水中，髖骨旋轉至另一側，這時又轉到另一側的SP。同樣地暫停，待感覺平衡且穩定時，重複轉身及手臂的動作。
- 手臂抬起過頭，動作不必太快，但入水時位置要精準。為避免手臂旋轉角度太大，你應注意（a）肩頭與耳朵之間保留若干距離（b）手掌切入時掌心和手腕朝外（c）試試看入水時「太寬」是什麼感覺，藉此找到正確的入水位置。
- 手掌輕輕進入水中，身體拉成一個長而平滑的流線型，臉頰附近水波不興，保持安靜；髖骨轉至另一側，浮至水面。

練習要點：

（1） 剛開始學習時，每25公尺旋轉1～2次，再慢
　　　慢增加到5～6次。旋轉時注意不要打出水花。

（2） 你可能要先花幾個小時學習身體的穩定平衡及
　　　平滑的身體線，有了心得後，逐項練習前面所
　　　講的關鍵詞：切水、包水、扒手腕、擲水。每
　　　項練習都要練到開始覺得「煩了」，才進行下
　　　一項練習。

（3） 此項練習的最後一步，是髖骨旋轉至另一側之
　　　後，不再「暫停」；手臂「擲水」後，馬上旋
　　　轉臀部及身體，但SP的體位仍須暫停片刻。
　　　學好這個動作，可能需要8～10個小時。

（4） 仰式的初學者，此時可以進行下一分解動作的
　　　學習。原來已會又想加強的人，如果你的分解
　　　動作已經熟練，便可以和全泳混雜練習；如果
　　　你覺得平衡和流線型體位很平順，也可夾雜分
　　　解動作和全泳來做練習。若你覺得前述關鍵詞
　　　的動作已經熟練，可嘗試游全泳，看看是否仍
　　　能保持同樣的熟練度。

如何巧妙換手

　　以下的系列動作練習，將教導你那隻「耐心的手」和另一隻手的交叉時機，以及如何將身體的力道與划水動作結合。

仰式換手動作圖解

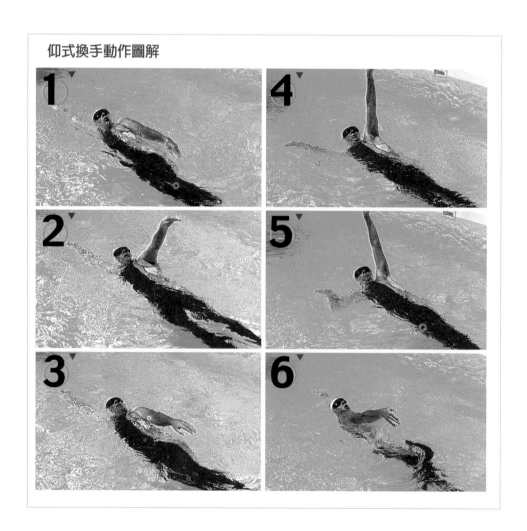

第三步：局部換手

在換手的時候繼續保持平衡。

- 假定你現在身處流線型體位（SP），雙腳輕輕打水，一邊髖骨浮至水面，此時將上面這隻手臂提起，手掌輕垂放鬆。
- 檢查全身平衡的狀態後再將手放回水中。重複這個動作，讓手輕輕離開水面，維持輕微地打水直到你能保持舒適穩定為止。不管手貼著身體或提高離開水面，都要能夠平衡且拉成一直線。
- 手慢慢地再抬高——繼續維持身體的平衡和穩定，一直練習到能夠自在地抬高手臂達呼吸3次以上為止。

第四步：水下換手

雙臂換手的時機如果有片刻重疊，可以幫助你保持在流線型體位較久一點，如此可以降低水的阻力，並讓手臂和身體做更好的連結。

- 在上述流線型體位（SP）時，先輕輕地打水，手臂舉起，暫停此處。
- 如果身體仍能保持舒適和穩定，就可以划水了。雙臂要同時動作，手掌在入水和出水時都輕輕垂下，入水時大拇指在上。

- 手掌入水後即保持SP體位，檢查是否在水中舒適而穩定；每次將手舉起前都檢查身體的穩定狀態。
- 練習以上的動作，要能感覺到放鬆且能完全控制自己的節奏；換手時不慌不忙，讓臉頰旁邊的水安靜無波，手掌入水時也不要打出水花。
- 本練習最困難的地方在於刪除髖骨的暫停動作，在手掌入水之後，繼續完成擲水的動作，手臂立刻離水舉起，身體轉動，手掌再次入水，此時暫停準備下一次划水。要熟練這個動作，得花上幾個小時的練習時間。
- 要改善仰式的人，每次在熟練一個分解動作後，便可加入全泳混合練習。仰式的初學者則在熟悉此一動作後，循序漸進至下一動作。

第五步：仰式划水

教導你具動能的出水、入水同時還能保持平衡、輕鬆且控制自如。

- 按照前述練習但在流線型體位時要短暫定住，只有雙腳打水。
- 手臂在擲水之後出水，中間沒有停留，但抬舉手臂時愈慢愈好，另一隻手則耐心地置在頭前。等到手臂抬到原先暫停的位置時，便開始兩個手臂同時動作，一手向下划水，另一手轉動至頭前的位置，雙手同時過肩。

- 持續練習，要練到抬手動作從容，臉部附近水面及手掌切入水中皆無水花。
- 兩隻手臂約成30度角，在雙手旋轉過肩時，都要感覺到力量從身體發出。
- 先專注練習雙臂重疊的時間，務求自然，然後逐一練習幾個關鍵詞提示的感覺，如切水、包水、扳手腕、擲手等等。

第六步：連續3次划水（Triple Switch）

從單項練習流暢地轉至全泳。

- 先練習流線型（SP）體位，然後連續做3次有節奏的划水動作。3次划水後至流線型體位暫停，重整平衡和身體線兩個部分，專注於以下幾個練習。
- 停留在SP體位時保持放鬆與穩定。
- 入水的手要有耐心，雙臂同時動作時夾成30度角。
- 臉部附近的水面安靜無聲，手掌入水時也要安靜。
- 繼續以上的練習，直到你覺得各部分都能互相配合且控制裕如，接下來便可游仰式全泳了。

仰式實戰練習

分解動作練習

仰式可用來改善自由式，也可在游長泳疲勞時，

做為替代性的低強度游泳。前面提到的第一步和第二步練習（平衡體位與流線型體位）可以用來訓練雙腳打水，改善平衡和流線體型。第三步練習雙腳打水時單臂輕輕舉起，可使前面的體位做得更好；第四步練習則可改善你的「動態平衡」。

「仰式划水」和「連續3次划水」可能是練習的主力，你可依下列幾種方法練習：

◖以「仰式划水」游25公尺或50公尺（4～8個來回），練到雙臂換手自然連貫為止；接著可做50公尺（25公尺分解動作+25公尺全泳）、75公尺（25公尺分解動作+50公尺全泳）或100公尺（50公尺分解動作+50公尺全泳或25公尺分解動作+75公尺全泳）。以同樣的套裝來練習「連續3次划水」的動作。

◖另一組套裝訓練是組合「仰式划水」、「連續3次划水」以及全泳：75公尺（25公尺「仰式划水」+25公尺「連續3次划水」+25公尺全泳），或游100公尺（25公尺「仰式划水」+25公尺全泳+25公尺「連續3次划水」+25公尺全泳）。

練習要點：

每次練習仰式都要注意練習個別的要點，包括計算划水數和划水加時間的綜合分數。如果使用上述的套裝來練習，要注意專注於各別的練習要點，不要只是為了游泳而游泳，每次游泳都要有一個明確的目

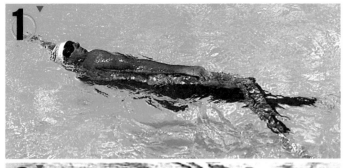

標。以下是仰式最有效的練習要點：

（1）上背部向下躺，讓臀部和腿部覺得被水托起而
　　　感覺輕鬆。
（2）臉部附近的水安靜無聲，頭部不動。
（3）有節奏地轉動身體，將一邊髖骨轉至水面，手
　　　臂也跟著節奏動作。
（4）一隻手划水時，有節奏地讓另一邊肩膀浮出水
　　　面。
（5）耐心地用手包水。
（6）體會一隻手超趕過另一隻手的感覺，而且雙臂
　　　好像以肩胛骨為橫軸，連在一起，輪流轉動。
（7）切水、包水、扳手腕、擲水，逐一動作。

計算划水數與計時

- 建立一個上下不超過3～4次划水的範圍，次數應與自由式的划水次數相當；試著調整時間與節奏，好讓你能持續且正確地在一個游泳循環中，達到任何所設定的划水數目標。
- 使用計時器，計算划水加時間的綜合分數；試著在25公尺或50公尺的定距內，降低綜合分3～4分；試著加強力道游泳，以低划水數再加快速度。舉例來說，如果你游25公尺的划水次數為14～17次，量量看用14或15次可划多快？
- 試游50、75、100公尺的定距，以低划水數練習，但試著每游1次多加1次划水數；你的目標是增加划水數但輕鬆地加快速度。
- 計算你的划水數+秒數＝綜合計分（Swimming Golf）。

使用拳套

　　我覺得戴上拳套（Fistgloves）游仰式對我的幫助比在其他種泳式還多，尤其是包水、扳手腕、擲水時效率特別好。戴上拳套練習分解動作或全泳20分鐘，自覺就像參加奧林匹克比賽的世界選手，這樣的練習讓我一開始就全神貫注，也增加了划距（SL）。正因為使用拳套不易包水，我必須更加運用臀部轉動的節奏，讓我在不同速度時都覺得輕鬆。如果你在前

述的分解動作中，各要點練習或計算划水數時都先戴
上拳套游個幾趟，等再除下拳套時，就會覺得進步更
神速。

長距離仰式

　　許多人用自由式來長泳或作較長時間的練習，藉
此達到健身或加強耐力的目的，仰式亦很適合長泳。
如果你平衡做得好，游仰式會變得非常輕鬆，就跟如
果自由式游得好，可以輕鬆游完100公尺×20趟一
樣。不過就算以仰式來長泳，也要記住我在前面所說
的練習要點，也要不時計算你的每趟划水數（SPL）
是多少。

Chapter 13 蝶式

不可不知的蝶式知識

蝶式（蝴蝶式Butterfly，又簡稱為Fly）向來以「最辛苦」的泳技而聞名，原因在於大多數人游得都是「蝴蝶掙扎式」（Butter Struggle）而非「蝴蝶起飛式」（Butter Fly）。蝶式如果能游得放鬆且平順，其實很好看且成就感甚高。我自己也是「掙扎」了40年，最近幾個月才有第一手的全新學習體驗。

儘管我曾經擔任過世界級蝶式選手的教練，所採取的教法能讓這些選手表現傑出，但對我個人卻沒有什麼功效。25公尺的泳池，我用蝶式游個1、2次，便精疲力竭。50歲那年，我終於認定，「我的身體結構不適合游蝶式」，因此發給自己一張中年免游蝶式的許可證，幾年下來，我再也沒游過一次蝶式。

但在觀看世界蝶式記錄保持人麥可‧菲普斯（Michael Phelps）的DVD時，我以慢動作分解他的每一步動作，發現了以往未曾注意的幾個細節。興奮之餘，我立刻針對問題，修正了過去幾十年來沿用的幾個分解動作。在經過幾個小時的練習之後，我覺得自己總算可以掌握這個挑戰性甚高的泳技。現在只要小事休息，我就可以游8次、12次甚至16次25公尺的蝶式而不覺得疲累。

對菲普斯來說，我當然構不上威脅，但經過數十年的挫折之後，我能在中年有此突破仍感到非常興奮，因此決定參加一次200公尺的蝶式比賽，決心要拿回一個獎牌。

如果你從沒游過蝶式，或是上一次游蝶式已是高中時候的事了，或者認為現在游蝶式已經時不我與，請看看我的例子，55歲才第一次游出蝶式的竅門，還目睹60幾歲、70幾歲的人在經過學習之後，數個小時內便可學會蝶式。

學會舒適蝶式（Comfort Fly）可以提升你的技能，諸如流線型、有耐心的手、身體動力、水感、節奏等等，也會對其他泳技有所幫助。蝶式相較其他泳技更能訓練游泳的主要肌肉群，因為在蝶式划水的過程中，所有游泳的相關肌肉幾乎都達到動力顛峰值，這在其他泳技裡是做不到的。基於這些因素，能夠以高度技巧游蝶式的人，很有可能其他泳技也都游得好；若只是精於自由式、蛙式或仰式的人，就未必如此了。

以TI教學法來學習蝶式，每一個人都可以輕鬆游完25公尺，然後以此為基礎，逐漸拉長距離也不會覺得疲累；同時也可以此為基礎，逐漸加快速度和力道。現在不管你的目標是舒適還是快捷，第一步都是

要先停止浪費精力。以下是「蝴蝶掙扎式」（Butter Struggle）最容易浪費精力，導致疲倦的三個原因：

- 划水和打水：「蝴蝶掙扎式泳者」用手向後划水再揮動向前，同時用雙腳保持臀部上浮。「效率蝶式者」則使用全身整合的力量來游泳，而非只是划水、推水而已。
- 爬出水面：地心引力是沒有同情心的，所以我們要善加利用，而非跟它做對。「蝴蝶掙扎式泳者」試圖爬出水面，但「效率蝶式者」則是「擁抱水面」，然後利用重力讓肺部下壓，自然使臀部浮起。
- 過度使力：蝶式是一種韻律動作，而不是蠻力動作。蝶式游得好又快的人，很少是什麼大力士，他們在水中看起來也極度平滑且優雅。蝶式的主要節奏是胸部和臀部的起伏動作，在分解動作和游全泳的時候，都要維持這個節奏。

　　在改變對蝶式的思維後，你就會驚異地發現，蝶式其實好簡單。

如何放鬆並減少阻力

靠流線型體位節省精力

要游得「長」（Tall）

　　游蝶式時，在水面下身體伸直成流線型，此時水
的阻力最小；每次划水也要維持身體「拉長」的時
間，雙手伸向前時要很有「耐心」，一旦開始划水，
動作要變得很快。

流線型（Streamline）

　　出水之後再落水時，感覺要像穿入水中（Pierce
the water），且從手指到腳趾，全身都成為流線體
型。腿要拉直，直到胸部完全沉入水中，此時稍稍折
（Crack）一下雙膝，也就是膝蓋稍微彎一下，準備下
一個划水動作。雙腳打水盡量安靜，不論在練習或游
全泳時，都不要打出水花。

如何增加推力

耐心用手抓水（Patient catch）以及身體發力，才能事半功倍。

雙手定位

你不是用雙手往後推水，而是以雙手定錨，胸部向前滑過定錨的手，此時雙手立刻放鬆，回到水面。雙臂肌肉主要用在「定位」（hold your place），讓有力的身體肌肉來做推動向前的吃力工作。

向前游

我們再三強調「向前」這個詞，手、頭、胸、臀皆是如此。隨時記得讓力量導向前方，並以流線型體位來維持前進的動力。

一次流暢有效的划水

以下是一次蝶式有效划水的流程。

（1）入水（Land）

……向前……輕輕地……你的頭要比手先入水，頭的位置要適中，下巴不要收回；雙臂入水時，寬度正好在頭的兩側，前臂入水後要接近水面。

（2）沉水（**Sink**）

　　入水之後不要急著做下一步，先稍停片刻，讓你的身體拉長時間稍久一點。此時前臂接近水面，胸部往下壓，要感覺臀部高過胸部，此時雙手及肘部略向外開（像展翅一樣），拉動你的上背肌，同時向前抓水。

（3）定水（**Hold**）

　　胸部下壓，臀部上揚，同時手和前臂也會感覺到水的壓力。先不要打水，讓雙腿保持流線型，你會感覺到在腰部儲存的力道，雙手此時輕輕壓住水，做出一個定位的動作。

（4）滑水（**Slide**）

　　雙腿隨著臀部上揚而打直，此時雙膝打折（crack，就像蛙式中的雙膝微彎動作），再用雙臂和身體把胸部拉前至超越雙手的位置，雙手則以鑰匙孔的形狀向內划水，等手拉回到胸前，雙手向外切出水面。

（5）抱水（**Hug**）

　　頭和肩膀向前穿出水面，高度差不多位於下巴微貼水面的地方（此時雙眼不要注視前方，因為如果現在要忙著眼睛聚焦，可能頭部入水的時間會稍晚了些），雙手離開臀部位置，像空手道般向外切出水面，雙臂好像飛向前方，再放鬆地「擁抱」水面。

換氣

　　長久以來，許多教練都認為抬頭換氣會造成臀部下墜，因此都告誡學生換氣次數要減少。「蝴蝶掙扎式」的姿勢比較困難，會讓你的胸肌緊張，肺部也無法充分擴張來換氣。

　　但是為了隱藏錯誤而不換氣是不對的，應該如下練習：（1）用雙臂定位，而非奮力划水，可使換氣平順；臉部入水之後均勻地吐氣，可以幫助你全身放鬆；（2）雙手抱水、胸部沉下可使臀部上揚，每次划水後換氣也不會破壞你的完整結構，肌肉也因為有充足的氧氣供應而效果更佳，所以我建議每次划水後都應該換氣，除非你正在學一項新的分解動作，偶爾憋氣可讓你全神貫注於該項新動作，但這是例外。

打水

　　蝶式打水一般稱之為海豚打水（Dolphin Kick）。當然海豚才不會打水，海豚是上下起伏，你也應該這樣練習。胸部下壓時，就要拉長你的腿好延長身體線。此時如果膝蓋彎曲雙腳打水，就會破壞身體的波浪曲線，也會增加阻力，影響動能。

　　在游蝶式的時候，胸部下壓，大腿上揚，等腳跟碰觸水面時接著划水，在身體入水時腳趾輕輕擊水，幫助身體前進拉成流線型。

　　如果游「快速蝶式」，就用2次打水。第1次入水時應動作輕、小，用這個動作讓手前伸，身體拉長成流線型並讓胸部下壓；第2次打水時間點為手出水的時候，此次較強勁，也更具推動力，主要靠大腿推動。第2次打水要和身體動作同步，幫忙讓雙臂彈出，上半身前進，這是所有泳姿裡爆發力最強的動作。

　　要學會這兩種打水，最好還是從分解動作或全泳著手，不要使用浮板；使用浮板會讓你的胸部無法下壓，身體肌肉也不能發揮作用。換言之，使用浮板的時候只有雙腿肌肉能派上用場，這是我們要避免的老派教學方法。

　　分解動作或游全泳對學習打水的效果很好，因為這樣才能在所謂全身整合的動作中，讓腿部與身體有良好的配合。我以同樣的理由建議，不要使用夾在兩腿之間的浮筒，因為浮筒無法整合上下肢的動作，效率會因此而降低。

蝶式分解動作大剖析

本節主要在告訴你如何學習「舒適蝶式」，同時為「快捷蝶式」打下基礎。

第一步：海豚式（Body Dolphin, BD）

學習如何伸展身體並建立身體的節奏感。

· 身體浮在水上，臉部朝下，雙臂前伸，兩手比肩膀略寬；將胸部壓下再放回，練習穩定而從容的節奏，每壓浮1次，都應該會前進一點，如果不能前進或者覺得僵硬，試著穿蛙鞋來改善。
· 雙腿併攏拉直，要感覺身體上下起伏的波浪一直延伸到腳尖；胸部浮上時，雙膝有節奏地輕折（微彎），胸部下壓時，腳尖輕輕打水。
· 胸部下壓時，要感覺全身都伸長了。
· 頭部放鬆，下巴自然輕微地上下擺動（lazy chin）；胸部下壓時，下巴和脖子間的距離略微

張開；胸部上浮時，這個距離略為收近。胸部下
壓時，後腦勺正好緊貼水面。

第二步：偷偷換氣（Sneaky Breath）

· 先演練一下蛙式中的換氣。在淺水中半蹲，臉部
  朝下浸入水中，練習將頭抬起一吋，在口與水面
  之間的極小距離內換氣，下巴的角度要固定，不
  是將下巴抬起來換氣。
· 回到剛才海豚式的動作，但頭升至水面，下巴停
  留在水中，換氣時兩眼朝下看，頭部保持穩定。
· 開始的時候，胸部起伏3至5次才換氣，接著慢慢
  增加換氣頻率，最後是每次起伏都能平順地換
  氣。
· 換氣時不要抬下巴，要在身體起伏的角度內換
  氣，亦即胸部上浮時，頭部角度不變，在口鼻離
  水時換氣，此時雙膝微彎，頭部會自然出水。
· 由於換氣時間很短，雙眼
  不必聚焦，甚至閉上眼睛
  都可以，雙眼尋找目標聚
  焦會延遲頭部重新入水的
  時間。

· 將換氣整合到第一步的海
  豚式節奏動作中。

海豚式練習要點：

　　海豚式最適合用來暖身，也是練習後續分解動作前，有效調整身體的基礎，同時比浮板更能鍛鍊出「聰明的肌肉」。以下的要點主要在訓練全身動作的整合。

（1）如果你做上述的動作，卻在水中無法前進，那是因為足踝太僵硬或下背部不夠柔軟所致，建議穿上蛙鞋（我們覺得Slim Fins這個牌子最適合）來練習。蛙鞋在腳踝彈性不夠的時候，可以幫助關節彎曲，也可以拉長雙腿，配合上半身的起伏。此外，使用蛙鞋是為了保持放鬆，而不是用來打破世界記錄的。

（2）在水下做海豚式的動作，試做3、5次，可以協助讓海豚式的動作更緊密以及更有節奏。

（3）下列練習要點可以從手到腳改善你的動作。

　（a）胸部往下壓的時候，雙手要放鬆且要向前。

　（b）頭部的動作要輕巧，不要上下點頭。呼吸時下巴擦過水面，後腦勺也是在胸部下壓時擦著水面。

　（c）腿部的動作，只要膝蓋微彎→打水、微彎→打水，練習這樣的節奏，腳不需要出水。

（4）專注在身體各部分的同步配合，而非使用蠻力。

水上天使（Water Angels）

此一練習的目的在教導你如何讓雙臂輕鬆地擁抱水面。

臉部朝下浮在水面，雙臂雙腿前後伸展，如有需要可雙腳輕輕打水或在雙腿之間夾一個浮筒來維持浮力。左右手在10點/2點與8點/4點之間前後移動，記得手臂要放輕鬆，在上述的位置之間，也就是在水面上，劃出最寬的弧形，身體不要前進或後退。

（譯註：美國小孩冬天仰躺在雪上，雙臂在身側上下揮舞，會在雪上留下天使翅膀般的痕跡，此處借用，但為俯臥水上）

第三步：騎浪（Ride the Wave）

不要使用手臂的肌肉去划水，而應使用身體的肌肉來達到胸部前壓並越過定錨的手的動作，再把前面教導的天使展翅動作結合進來。

・先做海豚式的動作，記得要伸展身體，雙手前伸。
・雙手外張再收回至身側，此時上身升起，雙膝微彎，胸部前壓再用雙足打水，好像騎在浪上一樣。
・做1、2次海豚式的動作，雙臂在水下划水收回至身側，雙臂再像前述「水上天使」中所說的，劃向前方再回到原來的位置。

· 注意下列事項：（a）雙臂位於水面之下（b）雙手向外張開，手心向下，拇指在前（c）雙手收回至身側，再做幾個海豚式的動作。
· 雙手前掃之前，如果覺得心理還沒準備好，可持續以海豚式的動作向前。

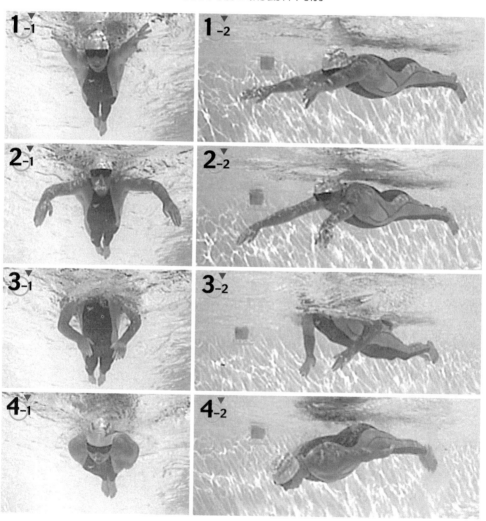

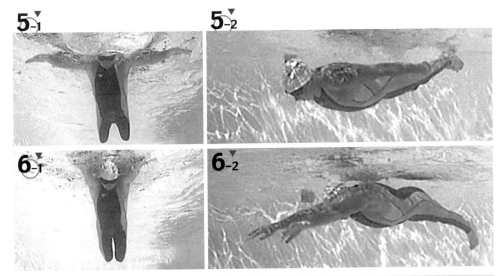

騎浪的練習要點：

（1）有耐心地從單一動作進展到複合動作，以此
　　　來訓練全身的配合：壓胸——滑行——壓胸
　　　——停。重複這些動作直到能在兩次壓胸之
　　　間順利地向前滑行。如果這動作平順，就再
　　　把雙手掃向前方的動作加進去：壓胸——向
　　　前——壓胸——雙手掃向前——壓胸——
　　　停。反覆練習到能有節奏地逐一完成前述的
　　　系列動作為止。我們希望你能以平順的節
　　　奏，一次做完三個循環，暫時不要換氣。

（2）練習換氣，就像在海豚式時的動作一樣——
　　　下巴在水中，眼朝下看；雙手回收時平順地
　　　出水換氣；換氣要放鬆、溫和且安靜，盡量
　　　減少雜音和水花。

（3）將注意力放在運用身體的肌肉上，而非依靠
　　　雙臂的肌肉推動身體向前。

第四步：海豚潛泳（Dolphin Dive Fly）

　　本練習教你如何清爽地向前入水，然後胸部向下壓讓腿部浮起，準備下一個划水的動作。

- 站在水中雙手上舉，雙膝微彎，彈起俯衝入水。入水要俐落，隨即身體拉平，藉入水的力量向前滑行直到胸部將你浮回水面後，站起來重新再做一次。練習時要感覺「騎在浪上」再浮回水面。
- 實驗各種「海豚潛泳」的深度，找一個最佳的平衡點，此點能讓你（a）入水時俐落漂亮（b）讓前進距離最遠（c）此一深度最能讓臀部浮至水面，找到這個深度的平衡點，再做以下的練習。
- 海豚潛泳入水、滑行、雙手划水、出水，回到原來的位置；接著胸部下壓、浮回水面，這是一個完整的蝶式動作，隨即站立休息一下，再做一次。要練習到可以獲得以下的成果為止：（a）第二次入水要和第一次一樣俐落漂亮；（b）滑行速度和距離也要和第一次一樣；動作放輕鬆、平順且銜接無縫。如果都沒有問題，每次就多划水一回，讓每一回入水、划水都和第一次一樣。

海豚潛泳的要點：

　　主要目標是每次入水都把身體拉成流線型，感覺就像第一次一樣平順俐落，然後逐一體驗以下的要點，記得第一項熟練後再練習下一項。

(1) 每次入水之後記得將身體拉直，待臀部升至最高點時，雙手定錨再開始划水，如果沒有感覺臀部比肩膀還高，就要潛得再深一點。慢慢練習到可以感覺臀部升至水面時，身體向前的距離逐次拉長。

(2) 划水每增加一次，都要感覺和前一次一樣舒適、輕鬆，否則就不要增加划水次數。

(3) 如果划水次數可以達到4～5次，感覺都很好，就可以開始練習下一節「訓練要點」中的各項要求。

舒適蝶式

　　從海豚潛泳開始，一旦可以連續游5個舒適的蝶式，就可以開始慢慢增強你的動作。

雙臂張開入水，胸部下壓

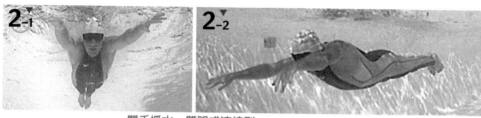

雙手抓水，雙腿成流線型

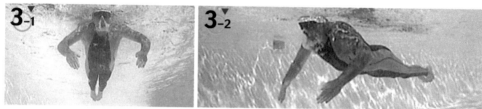

頭和胸部向前，超越雙手

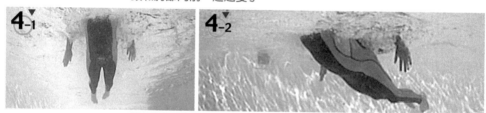

雙手不要推水至最後，可以提早出水

向前入水，雙腳打水

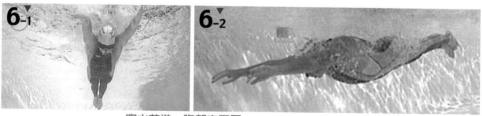

穿水前進，胸部向下壓

　　使用前面所教的動作來游全泳，但一定要維持舒適和輕鬆，一旦開始覺得吃力，就立刻停止。如同前面分解動作中所說的，每次只加入一個完整的全泳循環，而且要確保只加入有效率的動作，即使在單次練習中，都千萬別練習「蝴蝶掙扎式」。

　　蝶式避免吃力疲勞的關鍵在於要有充裕的時間將胸部壓下，雙手定錨後再讓臀部回浮至最高點，此時才開始下一個划水的動作。如果在每次划水之前，想多做幾個海豚式，好讓心裡有所準備也沒有問題，即使在比賽時這麼做也合乎規定。你可以在比賽時，每游一趟只做一次划水動作，其他都是海豚式，這樣也沒有違反規定，但是如果等到臀部完全浮至水面時再划水，而不是增加海豚式的次數，你就能游得更快，更富有節奏感。

　　雙腳打水的要點在於盡量讓大腿貼近水面，雙膝微彎，雙腳打水都不要浮出水面，你的起伏動作主要是上半身多於下半身。

快速蝶式

　　快速蝶式的節奏要快而有力，打水增為二次（2-beat kick）。

　　快速蝶式時，雙手要盡量前伸，離身體愈遠愈好。定錨動作也要快，一旦胸部前壓超越雙手時，雙手就要出水，向鞭子一樣掃向前方。記得又強又快的

力道來自身體動作的增強、增快，而非划水與打水的力道或速度的增加。胸部下壓的力道又強又快時，臀部和腳跟也會更快浮回水面，讓划水速度變得更快。

至於打水的部分，你不需要像「舒適蝶式」一樣，等胸部下壓時才打水，應維持一個穩定的節奏；儘管打水力道加強，但仍應感覺身體才是發動點，腳趾輕點（Flick）改成輕踢（Snap），但力道仍源自身體的中心。

蝶式實戰練習

蝶式的好處

我在前面說過，練習蝶式可以磨練對其他泳技也都有益處的技巧，也可以鍛鍊主要的肌肉群。此外，能夠平順又來回自在地游蝶式，你就會被認定是位「全能的泳者」。蝶式還有其他的附加價值，如果你能游完200公尺蝶式，那麼去參加比賽獲得名次的希望，絕對會比其他泳技大，因為大部分的人對此項比賽都裹足不前。真的，任何可以游完200公尺蝶式的人都應該得個獎。

訓練蝶式的一個重要原則是：千萬不要游「蝴蝶掙扎式」。如果前述的分解動作或全泳做得很辛苦，應該先立刻停止，即使你剛好在泳池中央也沒有關係。換個簡單的動作，除非你覺得可以有效率地執行下個動作，否則不要冒進，唯獨這樣才能讓正確的動

作儲存在「肌肉記憶系統」裡。

　　重複做短小的訓練動作最有效，過去我訓練100公尺蝶式選手，很少練習重複動作超過20公尺或25公尺，200公尺的選手也很少練習超過50公尺。

分解動作

　　跟其他游泳技巧訓練一樣，分解動作練習越多次越好。分解動作是為了能讓你迅速進入游全泳的狀態，所以偶爾試一下游全泳，可以讓你很快知道在練習分解動作時，是否游得放鬆且平滑。

　　分解動作的主軸，就是讓身體維持一定的節奏，再把各項動作整合到這個節奏裡。一開始就要從海豚式的動作中找到你的節奏，而且要非常熟練，這樣才能依著這個節奏來做其他的動作。

　　至於「騎浪」和「海豚潛泳」要按部就班來做，第一個循環做好了，再做第二個；第二個要像第一個一樣輕鬆舒適，才做第三個循環，這是建立高品質肌肉訓練的關鍵策略。因為游蝶式時，可能比其他種游泳方式更快失去效率，因此想要讓蝶式游得久一點，最快的方法就是不浪費體力，而非尋求讓自己有更多體力。一旦你的肌肉受到正確地調教，它們就會變得很有效率。

全泳練習

　　前面用簡單清楚的方法介紹分解動作，主要是讓你能快速準備全泳的基礎。若能以全泳蝶式划水5、6次，有節奏、有效率、又輕鬆，這就是最完整的訓練了（這樣的練習也證明以浮筒或浮板來學習蝶式是浪費時間）。分解動作可以改善個別動作，而全泳練習則可以有效統合各項動作。

　　舉例來說，若練習海豚潛泳5分鐘，專注於雙臂輕鬆入水的動作，接著以全泳練習4～8次。如果入水感覺不像海豚潛泳時那麼好，或者游幾次就感覺不對了，那麼就再回去練習海豚潛泳，讓感覺磨練得更敏銳。如果全泳也覺得很順，就可練久一點，讓感覺烙入肌肉的記憶中，或者可進入下一個階段，或集中注意力改善下一次要點。

　　如果你的全泳已經很有效率，並不表示現在就可開始「訓練」。一般有關訓練的問題，例如「游多少趟？游多長？中間休息幾次？游多快？」等等，對學習蝶式全泳來說其實沒有那麼重要。重要的是「我的入水是否輕緩？我的抓水夠不夠有耐心？我的打水是否很輕鬆？」，這些才是關鍵。

　　全泳訓練是將所有分解動作整合起來運用的階段。以分解動作來磨練局部動作，全泳訓練則是統合各個分解動作，把這些分解動作加在一起的時候，也要像先前一樣，講求效率。

　　所以蝶式初學者可能在游全泳的前3～5個小時，

每次只有划水3～4次；程度中等的人可能好幾個月都
無法游超過6～8次。

　　現在我可以每次游100公尺，姿勢都還很精準，
但大部分的練習仍以25公尺為主，其中三分之一還是
分解動作練習。雖然大多數時間我的全泳都游得很不
錯，但我仍繼續練習分解動作，因為這樣可讓我對一
些微小的動作細節感覺更敏銳。

三種全泳訓練

　　我在前面曾提過想參加一次200公尺的業餘成人
蝶式比賽，這個念頭讓我對訓練蝶式有清晰的目標和
概念。傳統上認為，游泳選手必須經過訓練才能戰勝
蝶式比賽，他們要求選手游更長程的全泳，中間休息
時間縮短，因為他們認為選手在參加蝶式比賽時，動
作很難持續保持完整。雖然有此認知，他們仍要求選
手勉力為之，導致選手游成「蝴蝶掙扎式」；有的教
練甚至因選手表現不佳而採用蝶式作為處罰，難怪很
多選手都會聞蝶式而色變。

　　我當教練時的方法不同，我認為應該先掃除肌肉
記憶系統裡某些低效能的動作習慣，改成有效平順的
新動作，然後再訓練他們游得更久、更快。要達到這
個目的，有三種全泳訓練方法：改善技巧的要點訓
練、放鬆或耐力訓練、最後是速度訓練。我將告訴你
如何運用這三種訓練，來準備我頭一次的200公尺蝶
式競賽。

要點訓練（**Focal Point Practice**）

　　我只重複練習游25公尺，分別專注於各個要點，這樣專注力會更敏銳。在游比較長的距離時，也會專注於其中一項要點；在每一趟練習後稍事休息，好深記熟練此一要點。

- ・入水要輕，盡量安靜，不要激起水花
- ・入水時兩臂寬度要足夠讓胸部在雙臂間下壓
- ・入水時雙腳打水，提供前進的動力
- ・胸部下壓時前臂盡量貼近水面
- ・胸部下壓後，等待臀部浮升至最高點
- ・胸部下壓時，雙腿輕輕併攏，維持身體流線型
- ・雙手輕輕划水，同時雙膝略彎
- ・雙手划水後，出水時間愈快愈好
- ・雙臂出水後輕鬆擁抱水面
- ・換氣時，以下巴輕掠水面，眼朝下看，但不必花時間「聚焦」
- ・除了吸氣以外，其餘都是緩慢穩定地吐氣
  每次練習都應該只集中注意於單項要點。

持續力訓練（Sustainability Training）

　　傳統稱之為耐力訓練，也就是訓練你能游多遠，或能游多少趟。我的目標只是單純地要訓練一種放鬆的感覺，讓所有分解動作都能有效地整合在一起，然後再來測試能夠將上述的感覺維持多久。通常我會逐漸縮短每一趟游泳中間的休息時間，以上述的要點練習而言，我可能游25公尺4～8次，中間有足夠的休息時間（例如游20秒，休息20秒）。「持續力」的訓練套裝中，我會游12～16次25公尺，但將中間休息時間縮短為10秒，然後再游20秒。我也可改成50公尺游四趟。每一～兩周，我會游100公尺二趟，也可能每個月游一次連續200公尺的蝶式。

　　這些持續力的訓練也被視之為注意力的訓練，全程專注於一、兩項要點，心無旁騖，我認為心智的耐力和體力的耐力同等重要。

速度訓練（Speed Training）

　　既然要參加比賽，速度當然是重點。我在加速時，會調整兩項技巧：（1）雙腳打水會增加一些力道，使身體增加動力，加速向前；（2）這股力量會讓胸部下壓速度加快，也就是開始划水的速度也提前。不過我不會為了加速而用力划水，注意力仍在使各項動作整合平順，只是速度快一點而已。

　　我只用25公尺來訓練速度，理由很簡單：每個動

作都整合好了。我可以用20秒游完一趟舒適但有力的25公尺，等於是以2分40秒游完200公尺。如果要游50公尺，則同樣的力氣可以45秒游完，等於3分鐘游完200公尺。所以用同樣的力氣游25公尺，我等於是用比較高的標準游完200公尺。這種訓練幫助我從很用力地以22秒游完25公尺，到頗輕鬆地在20秒內游完25公尺，我的50公尺也從50秒提升至45秒內就游完了，所以我知道我的200公尺比賽，獲勝希望頗高。

不管你想要游多遠或游多快，訓練放鬆和動作整合，才能獲得實質的改善，而非辛苦地游泳就只為了能「拖」得久一點。

計算划水數與綜合計分

蝶式計算划水數與其他姿勢相對而言，意義不大。因為蝶式是一種純粹以節奏為主的泳技，若減慢節奏來減少划水數，將會影響整體動作的完整性。我發現自己游25公尺蝶式只有兩個數字——當輕鬆地游時，划水8次；如果在「舒適蝶式」中增加一點速度，則是划水9次。所以我估計我的第一次200公尺蝶式比賽，每25公尺可能划水10次。在其他泳技中刻意調整划水數（與時間互換）的練習，在蝶式中意義也不大。

Chapter**14**

自由式

不可不知的自由式知識

對於追求速度感，或想藉游泳健身的人來說，自由式（Freestyle）是最熱門不過的了。只要你的姿勢正確，自由式是各種泳技中速度最快的，這讓許多人認為自由式的健身效果最好。這個理論未必全然正確，但並非本書討論的範圍。不過，三鐵競賽近來蓬勃發展，讓許多長跑健將、單車好手或原來不運動的人，也開始學習或改善他們的自由式。

儘管自由式很受到歡迎，但卻也是四種泳技中最難掌握的。手腳配合的輪流動作，要比同步動作的蛙式與蝶式困難。在手腳的輪流動作之間，再加上側面換氣，確實比其他泳技的挑戰性更高。

和其他泳技一樣，許多錯誤觀念增加了自由式的挑戰。傳統對自由式技巧的觀念認為就是：手划水、腳打水，逮到機會就換氣。大家都覺得這幾個動作很困難，費力又不舒服，因此進一步相信只有拚命苦練，才能有體力來戰勝自由式的磨難。

TI自由式的教法完全不同：平衡、流線型、有耐心地抓水，並使用身體的重心來游自由式。很少有人用這套方法來游自由式，因為（1）原來會一點自由式的人，一直都在忙著用老方法訓練，沒有時間去重新檢討游法；（2）手划腳踢的本能太強，很難改成平衡—流線型—抓水的游法。接著我們就來試試看如何改變舊有的習慣。

如何減低阻力

讓下半身浮起來

　　地心引力會把你的雙腿往下拉，下沉的雙腿遠比貼近水面的雙腿帶來更大的阻力。大部分人解決雙腿下沉的辦法就是拚命打水，這個辦法不但無法改善平衡，反而使你更加疲累，並且干擾節奏和身體的轉動，所以你應該把身體想成是一個蹺蹺板：（1）眼睛往下看，直視池底，頭、脊椎和臀部成一直線，這樣就能平衡雙腿；（2）游自由式的時候，永遠都有一隻手在頭的前方；當這隻手向後划水，經過鼻子之前，另一隻手已經入水，等於又有一隻手在頭的前方。因為身體保持水平，就可以減少阻力，也可以減少雙腳打水消耗的力氣。

穿過水中

　　水的密度是空氣的880倍，想要從中穿過，就要假想成是雷射穿過厚厚的水，而不是用蠻力闖關。練習時要規律性變換兩個體位：從右傾的流線型轉為左傾的流線型，兩個體位從指尖到腳尖都要維持平滑的身體線。

　　假想從你的雙肩向前延伸出兩條平行線，形成一條跑道，手臂和身體就在這條跑道上前進，這一條跑道可為你的自由式提供定位和方向感。

拉長你的「船身」

　　各種阻力中最強的就是「水波阻力」，減少阻力的最佳妙方則是拉長身體線，游得愈快，「水波阻力」就越大。減少水波阻力、同時又增加潛在速度的最佳辦法，就是延展你的身體線，所以要把推水向後的老習慣，改成運用手掌前伸，增長身體線的新習慣。同時，單臂出水時間要短，因為手臂入水時間愈早，身體線就越快拉長。此外，手臂像矛一樣刺入水中，也等於減少粗鈍的頭部與肩膀所造成的水波阻力。

如何增加推力

在水中定位

　　手臂在頭部下方前伸有助於你的平衡，另一隻手的入水點接近頭部可增進流線身型。這裡還有一個小訣竅，在頭部前方伸直的手，手指若揚起，雙腿就會下沉；如果手指放鬆下垂，雙腿較易浮起。

　　所有自由式的高手在入水時，都是以手指向下的姿勢插入水中。理由很簡單，手指向下，抓水就較容易，所以手掌切入水中，好像伸進信箱口一樣，就不會大聲拍水，水波不興，抓水也較容易。第二，手向前伸，直到肩膀碰觸到下巴的邊緣。第三，手掌下垂，好像握住跑道前沿，這樣才能抓水。第四，一隻手定錨在一個位置，等另一隻手切水而入。

　　兩隻手若有短暫的交會，可使身體拉長的時間更持久，也可以使右傾流線型很快轉至左傾流線型。你或許會認為這種游法速度會減慢，事實上，若在這條「跑道」上像雷射一樣拉長身體，可把每個動作都做好，且仍維持一定的前進速度。抓水愈紮實，另一隻手穿水而入時，身體前進的速度就愈快。

以身體重心來游泳

　　傳統自由式以划水與打水來帶動身體前進，TI的自由式概念則是將身體重心轉換為有效動力的來源。身體右半邊以流線型游在「跑道」上時，左半邊轉至水面上；左臂向前時，重力會引發重心轉移，幫助身

體轉向左邊。此時左臂如矛刺入水中,加快重心轉移,製造出不需太費力氣的前進動力。

假想你的手是矛,正在刺向前方一個假想標的物(在後面的分解動作練習中,你會找到手矛的「目標」)。「刺矛」產生的動力會帶動身體向前,超過那隻定錨的手。此外,用手臂來推水,會很容易疲倦,若是用來抓水定錨,就幾乎不會感到疲倦。

兩邊換氣

兩邊換氣比單邊換氣好,如果只是單邊換氣,可能會偏離「跑道」。練習時,盡量讓兩邊換氣次數一致。剛開始時,用不習慣的那邊換氣可能會覺得很不對勁,但慢慢練習後,這種感覺會漸漸消失。以下所有的分解動作都可改善對稱的問題,並且建立有效的雙邊換氣基礎,我在下一節會詳細說明。

兩種打水法

有效率的自由式泳者通常會在兩種不同打水法中選擇其一,一是快速泳者使用的6拍打水法(6-beat kick),也就是在左右手各划水1次的一輪中,雙腳一共打水6次。另外,長泳者、健身泳者或練三鐵的人,通常都喜歡2拍打水法(2-beat kick):右腳向下打水,與左手入水同步,左腳則與右手同步。2拍打水法可以節省力氣,並與前面所說的手矛入水配合甚佳,我們練習以後者為主,下一節會詳細說明。

自由式分解動作大剖析

　　自由式的技巧比其他幾種泳技複雜，所以每個步驟都要花些時間，盡量熟練。

吸到你需要的空氣

　　如果你覺得上氣不接下氣，就很難專注於各項練習動作。注意以下事項，可幫助口鼻露出水面，再轉回水中：

不要憋氣

　　每回吸氣後，就開始吐氣，用鼻子慢慢呼出水泡，不但可以規範呼吸，也可避免嗆水。

將水吹走

　　口部離開水面要吸氣之前，先稍微用力，好像要將口鼻附近的水吹開一樣，張開嘴巴，口鼻自然會進氣。

動作放鬆

　　用力將頭揚起反而吸氣困難，如果頭部自然放低，換氣反而容易。在轉動身體要換氣或入水時，記得要放鬆，不管是那一邊換氣，突然或激烈的大動作，只會讓身體不穩定。

第一步：平衡的步驟

可先在地板上練習滑水的姿勢。側躺在地板上，靠近地面那側的手臂沿肩膀向前伸，手心向下，雙腿略交叉成一斜角，幫助平衡。記得下列動作：（1）鼻尖朝向地板；（2）下巴側面碰觸肩膀；（3）手臂沿著「跑道」邊線伸長，而不是「跑道」中間；（4）另一隻手置於身側，手掌位置好像放在牛仔褲的口袋裡。

滑水

此處講解（a）自由式側傾流線型身體位置；（b）上、下半身的平衡及轉動身體的穩定性；（c）在水中沿「跑道」前進的感覺。

・在水中練習剛才在地板上練習的姿勢，保持一側流線身型，兩眼向下看，單臂沿著「跑道」邊線前伸，肩膀碰觸下巴側邊，前伸的手掌放鬆，指尖朝下。

・另一隻手臂輕放在身側，手的位置在大腿上方伸向膝蓋。

・兩腳輕輕打水，記得雙腿要呈流線型。

・游完一趟後，用另一側邊游回來。

換氣

- 從滑水位置轉成背部朝下，此時臉部轉出水面，手臂前伸，轉動手心朝上。
- 頭和身體要一齊轉動，臉部出水之後，輕鬆地後躺於水中。
- 在回到「滑水」姿勢前，自然地呼吸，直到你感到舒適放鬆為止。

滑水姿勢要點：

（1）用伸直的手臂來試試高低不同等角度，體會一下是否雙腿浮起，覺得更輕鬆。如果手臂下垂的角度已經到了手部感覺鬆軟的程度，那就是角度太大了，要再往上抬一些。

（2）試試幾種不同的身體轉動角度，找出一個身體在「跑道」上最穩定的角度。如果內轉太多，會讓手超出「跑道」邊線；如果外轉太多，又會讓手太靠近「跑道」中央。

（3）記住手的位置，包括深度和角度，也就是往後以手作矛，穿水而入要達到的「目標」位置，這在往後划水練習和游全泳時都會用得著。

（4）記得轉動身體時，全身都是一個整體，在「跑道」上不管轉身向上換氣，或轉身向下拉成流線型，都要像雷射線一樣。

進階換氣技巧：「瞬間換氣」

　　如果你已經可以輕鬆地換氣，就可試試比較難一點的換氣技巧。先做滑水的姿勢，但不要轉到「最舒適位置」（Sweet Spot）才換氣，而是以最小角度轉動肩膀，讓蛙鏡和嘴巴剛好在水面。前伸手掌角度朝下，換氣後回到滑水位置，不管用那種方式換氣，記得都要放輕鬆。

第二步：水下換手

　　本節教導你（a）在「跑道」上如何讓身體兩側都做到流線型；（b）像刺矛一樣前進；（c）前進時記住手要有「耐性」。

・先從右邊「滑水」位置開始，左手本來置於身側左大腿上方，現在「悄悄地」將手轉至蛙鏡旁，記得左手肘緊貼肋骨，手心轉為朝上。

· 左手在蛙鏡附近暫停片刻，查看是否右手仍在右側滑水「跑道」，且左肩浮出水面的位置。

· 左手如矛般刺入前面所說的「目標位置」，檢查是否保持在「滑水」時同樣的體位，然後以同樣步驟，換邊再作一次。

· 再做一、二次水下換手的動作後，身體轉至「最舒適位置」，一邊休息一邊換氣，再重複剛才的水下換手動作。

水下划水動作要點：

（1）一開始，你可能先划水一、二次，然後轉至「最舒適位置」換氣、休
　　　息。因為在划水動作前後，都要確認在「跑道」上的位置正確無誤。
　　　在進到下一個動作前，你應先確認以下重點：

　　　（a）手在蛙鏡附近稍作停留，划水時兩手同時動作

　　　（b）手像矛一樣刺至定位，身體也像矛一樣拉長拉直

　　　（c）假想你前面有部金龜車的前車蓋，手從蛙鏡附近開始順著前車蓋
　　　　　 向前抓住保險桿，也就是說手完全前伸之後，手指向下垂

　　　（d）另外一隻手發動前，用在前方的手抓水（也就是手指下垂後暫時
　　　　　 不動，好像把水擋在這隻手後面）

（2）以上重點都熟練以後，增加划水次數，取消蛙鏡旁「暫停」的動作。

　　　（a）轉身幅度只要剛好讓肩膀和髖骨邊緣浮出水面即可

　　　（b）划水的手不要停，划水結束後，立刻出水，中間不要間斷或
停留

　　　（3）你也可以試試「滑水」姿勢時所教的「瞬間換氣」，不必等到回
　　　　　 到「最舒適位置」時才換氣。但要記得，充分換氣在分解動作練習時
很重要。

第三步：拉鍊換手

　　本節有兩個動作，一是拉鍊滑水（Zipper Skate），一是拉鍊換手（Zipper Switch）。兩者都是教你密實但舒緩的換手動作，以及如何將臀部發力與手矛穿水連結起來。（譯註：本節因手掌帶向前方的動作像拉拉鍊一樣，故有此名）

拉鍊滑水動作預習

　　在地板上先做前節所教的滑水姿勢。

- 身體右側接觸地面，右手沿肩膀前伸，鼻尖碰地，下巴右側碰觸肩膀，左手在「牛仔褲口袋」裡，伸向膝蓋。
- 左肘向前，帶動手臂前伸，手掌略為拖在後面，指尖輕掃地面，前臂和手肘保持距身體約1～2吋的距離。
- 當手肘前移至耳朵上方，感覺前臂下懸，可輕輕擺動，像用細繩牽吊的木偶一樣。
- 重複幾次這個動作，然後換邊做，注意要用手肘帶動手和前臂向前。

拉鍊滑水

教你如何將吊在耳朵旁邊的手臂重量當做平衡的發動點（Tipping Point）。

- 在「滑水」姿勢階段時，雙腳輕輕打水，如同剛才在地板上練習一樣，單臂舉起向前。
- 手肘帶動至耳朵上方，前臂跟上，以這隻手臂的重量穿入水中。你應可感覺手臂前移至胸腔前方，重心轉移使身體傾斜向前的快感。
- 另一隻手回到身側的位置，身體同時轉回「最舒適位置」，現在可以換氣，然後再重複同一動作，兩邊都要做同樣的練習。

拉鍊滑水動作要點：

(1) 划水完，手臂重新再抬起時，手肘略微向外轉圈，而不是在身體的正後方舉起。

(2) 手臂要保持在跑道邊線上，雙臂離跑道中線要等距，才能保持身體的穩定，在近耳處手臂暫停時，可留意此點。

(3) 手臂舉起時越慢越好，用手肘來帶動手臂，前臂不必用力，手掌好像拖在後面。

(4) 如果換氣充分，可連做二、三次「拉鍊」的動作，再換至「最舒適的位置」。

拉鍊換手

教導你將臀部推動和手臂前刺的動作結合在一起，並同時強化「有耐心的抓水」。

·在右側「滑水跑道」時，左手慢慢向前

·手掌在耳朵旁暫停，位置在手肘下方

·感覺一下右手的位置，此時應掌心向下，五指下垂，輕輕抓水。另一隻手自耳邊入水，直接抵達目標位置

· 右手出水重複滑水動作前，暫停一下查看左側跑道位置是否正確

拉鍊換手動作要點：

（1）你可能先划水一、二次，再轉身至「最舒適位置」，因為要在划水之前或之後，檢查在「跑道」上的位置是否正確。剛開始練習的時候，注意以下幾個要點：

（a）感受從耳際前刺至目標這個動作所帶來的輕鬆有力的推進力

（b）專注在臀部揚起與另一側的腳的交互動作，帶動手推往目標的感覺

（c）划水時抓水要確實

（d）兩隻手臂動作都沿著「跑道」的邊線

（2）以上要點都做得自然流暢時，就可以縮短耳際暫停的時間，增加划水次數：

（a）每次划水時，轉身幅度縮小，只要肩膀和髖骨側面略露出水面即可

（b）手臂划水與出水一氣呵成

（c）手臂出水向前時可感覺身體在「跑道」上輕鬆地滑行

（3）如果你在「水下換手」動作時，即可輕鬆地「瞬間換氣」，那麼在「拉鍊換手」時，也可做換氣，不需要轉至「最舒適位置」時才做。

第四步：開始游全泳

教導你密實舒緩的自由式，加強「耐心的手」，入水時安靜、俐落，抓水確實；將臀部發動的力量和手矛結合，同時也將換氣帶入划水節奏之中。

· 先開始做「拉鍊換手」動作，然後將手提出水面但很快就穿回水中。
· 划了二、三次後轉回「最舒適位置」做換氣。
· 做上述動作時，先集中注意力在手部的出水與入水，遵循以下的要點來做：

（1）跳過耳朵（Ear Hops）

假想有一枝棍子從耳孔向外伸；手在出水之後向前拉到這根「棍子」的位置時，提起手越過它後立即穿入水中，手掌出水的時間愈短愈好。

（2）木偶手臂

　　感覺手肘好像吊在一根繩子上，前臂和手則像木偶般，輕鬆吊在手肘上，完全放鬆。

（3）投寄信箱

　　假想在「跑道」上有一個信箱，將你的手和前臂小心地「穿進」這個信箱的開口。

　　接下來專注在建立出「耐心的手」，應注意以下要點：

　　（a）手指下垂……手入水之後便保持下垂，掌心
　　　　　會感覺到輕微水壓。
　　（b）划水之前，先讓手暫停在定位一段時間
　　　　　（Anchoring）。
　　（c）一隻手要進入「信箱」時，另一隻手開始划
　　　　　水。

有節奏地換氣

　　有三種換氣的小訣竅，讓你在划水時能自然有節奏地換氣，同時仍可保持平衡及「耐心的手」。

跟著肩膀走

　　一隻手如矛般穿入水中，另一側肩膀自然向後，下巴跟著這側肩膀，肩膀轉動的力量會讓你比較容易換氣。

頭要壓低

　　練習以下三個要點：（1）換氣時，頭輕鬆地在水面，不必刻意抬頭；（2）轉身換氣時，盡量讓頭頂靠近水面；（3）換氣時，眼睛略朝後方肩膀看。

身體「拉長」

換氣時，特別注意前面那隻
手要有「耐心」地等候，在換氣
之後，那隻手才開始向後划水。
記得前伸的手掌指尖要向下，下
一次划水就會很有力。

改善打水

教導你改善毫無推進力的打水，讓打水與身體動
作協調。

為什麼我會倒退

我相信本書許多讀者都是最近才開始認真學習游
泳的，也都有打水時原地不動，甚至倒退的經驗。這
個原因通常是因為腳踝不夠柔軟，或身體協調性不佳
所致。隨著年齡增長，我們的彈性通常愈來愈差（除
非你固定去上瑜伽課）；如果你不是年輕時就開始游
泳，會在20～40年的時間內，逐漸喪失足踝的彈性，
經常跑步也會加速硬化的過程。如果年輕時便開始游
泳，而且持之以恆，就有可能還保有足踝的彈性。

另一個原因是身體協調性不佳。你對「踢」這個
動作的絕大數經驗（例如踢足球，踢輪胎，踢你老弟
等等）都教導你膝蓋要彎曲成90度，主要使用的是大
腿的四頭肌（Quadriceps）。而有效率地打水，膝蓋
只需彎曲30度，打水的力量主要來自臀部轉動和小腹

的力量。小孩子打水最自然，大人則常要先改掉錯誤的舊習慣，才能學會正確的動作。以下教你如何有效率地打水。

坐著打水

坐在游泳池邊，膝蓋彎曲，小腿和腳部放入水中，腳背打直，雙腳在水中打水，體驗水在腳背上的壓力。

垂直打水

在深水區，抱著一塊浮板，或兩腋下各夾一個浮筒，身體直立，雙腳垂直打水。記得從臀部到腳尖成一直線，打水時要平順，不要僵硬。前踢時用腳背，後踢時用腳跟，避免膝蓋過度彎曲。

側身打水

「最舒適位置」和「滑水姿勢」一節中的動作，有助於將「垂直」打水轉為「水平」練習。先熟練垂直打水，才能在身體轉成水平時做好轉換；平常偶爾再練習一下垂直打水好喚醒肌肉的記憶。

穿上蛙鞋

蛙鞋最重要的功能，是順水彈性彎曲的蛙蹼可補強腳踝彈性的不足。穿上蛙鞋同時可讓你暫時不必分心雙腳，而專注於其他細微的動作。如果你在「最舒適位置」時，因缺乏動力導致分心且易於疲勞，就可

以穿上蛙鞋來改善，但我們不建議你在游全泳的時候穿上蛙鞋。

游全泳時打水的配合

除非你的目標是想在百米競賽中奪標，否則我們建議不要過度打水，打水要輕到你自己幾乎都感覺不到才對。前面所說的平衡練習，即可幫你去除「雙腿緊張」的併發症，讓你的雙腿與手臂、臀部配合無間。所謂的「2拍打水」，就是每次右臂前伸的時候，用左腳壓下打水來配合（另一隻腳會自然跟上1拍），反之亦然。在「拉鍊換手」時，可做這個練習：你的手提在耳際時，雙腿靜止不打水，在穿水而入時，另一邊的腳打水1次。練習時先輕輕打水，熟練後再加一些力道，直到你能感覺到增進了手臂前刺的力道為止。

自由式實戰練習

因為可能大多數讀者游自由式的機會比較多，我在這裡多談一些自由式的訓練方法，這些要點其實也適用其他三種泳技。

第一階段：學習舒適、有節制的自由式

對TI的自由式初學者而言，應該先在此階段花約10～20小時。有些初學者在此階段練習長達1、2年，

也不會覺得停滯不前或厭煩。在此一階段的目標是熟悉各種分解動作，學習放輕鬆，提高舒適度，增加對自己身體在水中反應的瞭解，養成基本動作的慣性及流暢度。此階段的分解動作要比游全泳時更能達成上述目標。游全泳和分解動作都感覺同樣良好時，就可進展到更完整的自由式。此階段要打下的基礎如下：

- 要能正常換氣，如此在學習下列動作時就不會分心
- 平衡動作要做好，頭的位置要在正中間，前臂伸直，在「跑道」上的位置要正確
- 養成身體拉長、平滑的習慣。手矛穿水而入後，長長的身體線沿著「跑道」前進
- 手臂動作和身體轉動要配合良好，才能產生推力

練習分配比例

- **30%的平衡分解動作練習** ：（最舒適位置、滑水、拉鍊滑水），訓練平衡感和平滑的身體線
- **40%的「水下及拉鍊換手」分解動作**：訓練降低阻力及抓水的耐心
- **20%注意力練習**：游全泳，但每次集中注意力於一、兩項要點，此處是將分解動作轉移至全泳中
- **10%計算划水數**：測量、改善以及比較學習各項要點後的成績

第一階段練習要點

　　除非你能戰勝「人類普遍的游泳通病」，否則每次游全泳只是強化錯誤的習慣，延緩進步的速度。要打破這些舊習慣的捷徑，就是先不要拼命游全泳，而代之以讓你平順的動作。對TI的初學者而言，捷徑就是分解動作練習。

　　要養成有效、平順的游泳習慣，就要以一種好奇的心理，研究每一個基本動作，而且不能操之過急。在做這些動作的時候，若有任何不舒服，就會自然做出一些補償動作，比如扭脖子、用力划水、兩腳亂踢等等。這些下意識的動作會在神經肌肉系統裡烙下浪費氣力的記憶，排除這種反應是很重要的。

　　掌握基本動作要有耐心，對學中國功夫或舞蹈的人來說，這是相當自然的，但大多數學游泳的人卻做不到。我也是在開始持續練習瑜伽之後，才真正瞭解其中的價值。所以當你開始學習TI教學法時，前面10～20個小時的目標就是將體驗的每種動作變成一種習慣。不要計算游了多少次，也不需計算時間看游得有多快，只要致力於如何省力，如何增加平順感。

　　專注分解動作的時間可能要數周到數月。本書中所描述的分解動作是去除舊習慣的重要方法，最好閱讀本書後，經由練習來烙入你的肌肉記憶系統裡。如果能遵循以下的指導原則，各種分解動作的助益極大：

　　‧**短程練習**：頭幾個禮拜，每個動作一次不超過

25 公尺，最多也不能超過50公尺。

- **短時間練習**：為了使注意力容易集中，每個動作練習不超過10分鐘，難度高與難度低的動作交替練習。

- **目標明確**：每游一次只專注於一個要點，比如說在「拉鍊換手」這一項，可分別練習以下重點：頭的位置、前伸的手要「深而穩」、用手肘帶動手臂、手要直接從耳際切至「目標位置」、手指下垂，抓水的手要有耐性等等。

- **不要看計時器**：休息時間長短都採用深長、放鬆的呼吸次數來計算；每游一個單程，深呼吸3～5次（在瑜伽中稱為潔淨呼吸cleansing breaths）應即足夠了。

- **不必太激烈**：每次下水練習，全泳只佔10％～20％，只是用來體驗分解動作轉換成全泳的感覺。

第二階段：學習全泳

對那些很快就學會新技巧的人而言，本階段可能需時數個月；對那些很難把舊習慣丟掉，或一開始對學習新技巧很不適應的人而言，有可能需時數年。

本階段的目標，是將在第一階段分解動作所學到的舒適、放鬆、平衡與全身協調帶入全泳之中。你要做到：

- 全泳時平衡且拉長身體
- 有節奏地換氣，不影響平順的划水，一直都有一

隻手在身體前方定錨

· 每次划水之前，手要先耐心定位，也就是要集中
注意力，划水之前的抓水要確實

· 每游25公尺的划水數上下差不要超過3～4次（比
如說每25公尺，划水15～18次）。其次，要能夠
以此划率游完400～1,500公尺

練習分配比例

· **10%平衡練習**：（「拉鍊滑水」較多，「最舒適位
置」較少），主要用來暖身，或低運動量的休息

· **40%換手練習**：主要訓練手掌穿水而入，用前伸
的手定位，另一隻手划水、出水，準備再入水

· **20%注意力練習**：包括游全泳時注意的各項要點

· **20%划水數練習**：練習在一定距離內，自己選擇
划水數，並以增加划水數來控制速度

· **10%綜合分數練習**：測試不同要點如何影響划水
數，並計算在固定距離內的綜合分數

第二階段練習要點

　　在經過前一階段密集的分解動作練習後，你有二
件事要做：（1）將分解動作應用到全泳；（2）開始
將有效率的游技烙印到肌肉記憶裡。

　　如果要把一個動作從有意識的控制變成完全自動
自發，簡單的動作技巧要重複7,000次，複雜的技巧
要重複20,000次。轉換到游泳內，你可能要游

100,000公尺，才會將「頭保持中直，不要亂動」，或「手指尖下垂」等動作變成自由式的一部分；最關鍵的兩種方法就是分解動作與全泳的混合練習，以及注意力的訓練。

分解動作／全泳混合練習

　　分解動作不只是教你新的技巧，也讓你對身體收到的信號更有感覺，進一步能調整姿勢，例如頭部是否置中成一直線、身體是否在「跑道」上、或應做某些重要動作的時機等。這些基本動作都會讓你在水中「感覺良好」。在混合練習時，目標就是要把在分解動作中的舒適感轉移到全泳。剛開始時，可能得游75公尺的分解動作才能掌握這種舒適感，但全泳時可能只有25公尺內還保有這種感覺。可是在經過練習後，你可能游50公尺分解動作、50公尺全泳，再進步到25公尺分解動作、75公尺全泳。每次練習都要很明確體驗那種感覺，如果要練習頭部位置正確與否，就要把那種感覺從分解動作中帶入全泳。

注意力練習

　　在準備好要做一些純粹全泳的練習時，應集中注意力在各項分解動作上，當你能專注在所選定的項目時，才計算划水數。計算划水數也可用來比較各項要點的效率有多高，比如說專注在訓練手掌如矛穿入水中或手掌穿入信箱口，哪一種划水數較少？以下是游自由式的幾項要點可供練習時參考：

・頭要放鬆，不要讓頭頸部僵硬，讓水的浮力撐住
頭的重量

・手在入水時就像將手掌和手臂放進信箱口一樣

・在划水前，手要先靜止不動

・擲矛向前──每一次划水的終點在前方，不是在
後方

・換氣時下巴跟著肩膀走

　　每一個要點都是完整自由式的一部分，每游一
次，都針對一個要點來練習，就能將這個動作逐次烙
印在神經系統裡。你專注於一個要點練習5～10分
鐘，就會變得更自然更熟練，在練習另一個要點時，
身體自然重複前項動作的機會也更大。

　　此處教你一個練習法。你可以把今天要練習的要
點寫在一張備忘卡上，放在一個防水的透明塑膠袋
裡。下水時將它放在岸邊，然後每個要點練習4×25
公尺。每25公尺就休息一下，回想一下剛才游的感
覺，等到這個要點熟悉了，就進步到4×50公尺與4×
75公尺。逐次做這些練習其實不會厭煩，反而覺得時
間過得飛快。利用這個注意力練習，會讓你的游泳更
有效率，同時又能健身。

第三階段：增加熟練度，泳距和速度

　　此階段目標在增加動作熟練度和協調度，好讓你
游得更遠、更快、更省力。我們練習的目標為：

・培養出游前設定SPL（每游一趟的划水數），且

有效達成的能力
- 培養出不增加划水數仍能舒適加速的能力
- 有節制地逐漸發揮潛力，接近你的極限，甚或提高你的極限
- 參加比賽時能完全發揮練習時所學的技巧

練習分配比例
- **20%分解動作**：專注練習划水時機、有耐心的手和抓水等項目
- **30%注意力練習**：分解動作及全泳配套練習
- **20%計算每趟游泳的划水數**
- **20%划水數和時間加起來的總分練習**
- **10%練習逐漸增泳距**

第三階段練習要點

第一階段的目標是要培養出「水中智能」。在地心引力與直立行走時你可以很穩定，此時「陸地智能」擅長調節平衡與做出各種動作。「水中智能」則是要在水阻力及水平移動的原則下，調節不易穩定的體位。在第二階段中，則是利用「水中智能」記住有效率游自由式的各種動作。

至於第三階段，也是終生習之不盡的階段，一共有三個目標：

（1）繼續培養及磨練你的技巧，尤其是要訓練穩定抓水、穩定換氣，絕不能讓姿勢受到破

壞。我稱此一目標為「演化性技巧」，因
為你可以不斷地改善再改善，強化自身
的感應，且可持續不斷，幾無止境。我
自己游泳40年，教游泳也將近20年，但
每年練習這些技巧仍覺得有所收穫。

（2）練習長泳而不覺疲累，效率亦不降低。

（3）練習加速，盡量降低疲累感及效率的流
失。

要達到最後一個目標，我們要開始使用計時
器（或運動錶）做為測量的工具。但是在我們剛
才列出的練習分配比例中可以看得出來，計時這
個部分比例並不高。

在分解動作練習中，應多練習換手動作，尤
其是「拉鍊換手」，因為這個動作和全泳最像。在
注意力練習階段，要把所有練習要點當成一個
「解決問題」的過程，每解決一個問題，恐怕都得
耗時數月。我過去這6個月，就專注於訓練右手，
讓它抓水更穩定，同時頭向左邊換氣。解決這個
問題的前一個問題，就是要讓手部入水後，抓水
時間再拉長一點。

計算划水數的階段，維持一定距離的划水數
或降低划水數固然重要，但更重要的是在效率不
打折的情況下，能自己決定每趟划水數、以及在
增加每趟划水數時，立刻能感覺到速度的加快。

在綜合計分階段，要把計時器當成效率評鑑
機。能同時加速卻又不增加划水數嗎？能不能只

加多一個划水數，但速度明顯加快？不管怎麼做，不變的原則是用最小的力氣、或精準掌握划水數來讓速度加到最快。

在距離拉長這個階段，設法在有效率、中間不休息的要求下增加泳距。如果每趟所需划水次數是14～17次，那麼以每趟14次計算，你能游多遠？可能一開始只能游50公尺，透過練習後，是否能游到200公尺，或者每50公尺游10趟，每趟中間休息10秒？如果你能夠以每趟划水15次游200公尺，是否能延長至500公尺或者100公尺游8趟，每次中間休息15秒？應將你的主要目標設定成在一定划水次數中，毫不費力也不中斷的情況下，游得更遠。你也可以將游泳的距離拉長，但是換些舒適的分解動作，或在每趟划水次數已經超過原設定目標時，改換另一種泳技作為休息，然後再恢復到自由式及原設定的SPL。我會在接下來的訓練章節中，介紹更多的相關的內容。

Chapter **15**

「完全沉浸」訓練法

有效訓練VS.傳統訓練

　　本章並非完整地告訴你如何訓練，那可能要一整本書才說得完，但本章內容可以幫助你規劃你的游泳活動，或者幫助你在已參加的游泳課程或團體游泳活動中得到最大的好處。瞭解訓練的要旨，才能「持續改善」（還記得第二章中說的kaizen嗎？），也才能更有效的運用每次下池的游泳活動、享受游泳的時間，以及達成準確的目標。

　　幾年以前，有篇文章在描述一位世界女田徑選手的訓練過程，有幾句話讓我印象深刻：「將近3小時中，她一直在訓練如何掠過每10公尺設置的高欄，持續地致力解決讓她無法超越其他選手的生理機能問題。每次起跑，她都專注於將雙腿置於身體重心之下，如此才能在跨過高欄之後，仍可衝刺向前，她要將學習而來的肌肉動作變成一種天生的自然反應。」

　　這種對精準動作極專注的要求，和一般人所認為訓練就是辛苦的鍛鍊非常不同。跨欄田徑賽固然是難度頗高的運動，在極難操控的水中能夠有效率地前進也是如此。所以，傳統訓練只是加強你的心肺功能，而有效的訓練則是先專注於神經系統，專注於有效率的動作，換句話說，我們要注意如何節省力氣的消耗，同時也要注意如何儲存精力。

　　傳統訓練常常讓你疲倦，至於技巧則是疲倦之後，喘口氣時才來思考的事情。這種方法或許可以增

加你的耐力，但同時也會強化你的「掙扎技巧」。也就是說，當你的耐力增強時，同時也將低效能的技巧磨練成一種習慣動作，這種方式當然會造成一定的運動傷害；此外，這種方式浪費寶貴的時間，相較於一開始就用對方法，我們得花兩倍的時間來糾正不良的習慣。

本章將協助你安排一個良好的訓練計劃——首先要講求效率，其次是將新學會的動作轉化為可延續的習慣，最後讓你在增加泳速時，也可以保持高度的效能。效率改善，耐力自然會增加，這不只是增加體力而已，而是以你體內已有的能源，讓你游得更久、更遠。

轉型的目標

第一步就是要先立下你的訓練目標。

我在第二章裡談過「持續改善」的目標是怎麼回事，你的轉型目標絕不能只是「在1分20秒內游完100公尺」或是「持續不停地游1英里（16,000公尺）」。我在50歲以後，每次游泳都有兩個目標，這是當大多數泳者進入泳速變慢的年紀時，我卻仍能顯著改善的重要原因。若你覺得以下所說的很有道理，我鼓勵你也把這些當成你的目標。

目標1：

每次下水，我都設定一個目標：這一次是這輩子

游得最好的一次。把目標設定得如此之高，會讓我每次下水都全神貫注。在還未設定這種高標準之前，我常會覺得游完後只是又完成一次例行公事；現在可不會了，每次游完泳，我都會覺得非常值得而且身心愉悅。要能達到這樣高遠的目標，關鍵在於設定「此次最好」的標準非常多元，例如：以每趟划水12次的SPL游完幾個百米練習；或是游蛙式時蛙腳踢得更快速，全身整合得更好。或是游仰式時，左手入水更平順；或是游200公尺蝶式時，比以往游得更輕鬆等等。用一個「比以前更好」的目標來游泳，每次都覺得很振奮。

目標2：

　　每次下水前我都設定一個項目（某個動作、划水數、時間或綜合項目），立志要用更少的力氣來練習或完成這個項目。傳統的訓練方式是每次訓練要花更多的力氣，但時間和精力是有限的，可是想要增加效率，再省些力氣的機會卻是無窮的。經過40年的游泳訓練，我仍在改善省力的辦法。我今年55歲，仍有很好的參賽潛力，因為我持續改善快速游泳時仍保有輕鬆的能力，這都要歸功於我每次下水時，都將目標放在如何更省力，而不是游得更賣力。

採取有效的行動

　　要保證目標可以變為成果，就要很積極地將每一

分鐘和每一個動作都對準你要做的事，而不是單純地滿足於每次游得更久、更遠。要能有效率的游泳，必須解決一項具挑戰性的謎題——如何在難以掌控以及在水中這樣一個不自然的環境下有效率的前進？因為沒有時間在無效率的動作上浪費任何一分鐘，所以你要付諸行動，每次下水，都要將行動和本書中所提的各個動作目標結合在一起。

如何增加耐力

「耐力」（endurance）一詞在字典中的定義是「抗拒疲勞的能力，或是接受漫長壓力的能力」。在TI的字典裡，「游泳耐力」的定義則是「在你自己決定的時間及速度下，重複有效率游泳動作的能力」。這個定義強調的是神經系統（肌肉記憶）以及心肺系統的訓練。雖然兩者並重，但其中仍有重大的差異：如果以神經系統訓練為主，心肺系統亦隨之改善；反之，以心肺系統為主要訓練目標，那可不能保證神經系統可以得到同等有效的訓練，甚至因為訓練心肺系統必須跨越「痛苦的門檻」，神經系統完全沒有獲益。確定地說，TI訓練法不會刻意忽視體能鍛鍊，我們只是將鍛鍊定義為你在做有效動作時自然會發生的事，前面所說的那位田徑跨欄選手，便是一個很好例子。

為健身而游泳

　　很多人買這本書是為了健身而游泳,他們會問:
「如果我游泳效率如此之高,豈不是無法達成健身的
目的了嗎?」下面有四大理由告訴你,為什麼高效率
可以消耗卡路里,卻不會造成運動傷害,還可以樂在
其中:

　　(1)消耗卡路里最好的辦法,就是使用大片肌肉
群來增加耐力,尤其是腹部和背部的「核心肌肉」。
一般人習慣的游泳方式是用手划水與用腳踢水,這部
分的肌肉在卡路里還沒來得及燃燒之前就已經開始疲
勞了。本書中所教的每一個分解動作和技巧,都是要
促進手、腳和「核心肌肉」的和諧,「核心肌肉群」
抗疲勞性甚高,且能提供最佳的鍛鍊。

　　(2)TI的動作強調平衡、一致性、協調性以及平
順性,把生物力學做好,就可以充分利用你的身體,
減低運動傷害,增加持續一貫訓練的可能性。要先能
不痛苦、不容易疲勞地游泳,才能談游泳如何健身以
及如何促進健康。

　　(3)動機決定一切。健身活動要很愉快振奮,才
會長期從事這項活動。我們強調的「改善」二個字,
絕對要比單純的「對你有好處」五個字,更能讓你樂
在游泳。

　　(4)最後,你有機會持續增加對游泳所投入的熱
情。一但你能掌握基本技巧而且提高效率,那麼游得
更遠、更快、更不容易疲勞將成為常態,而非例外。

是否要增加游泳距離

　　在TI的教學法中，游更久的主要原因是要讓你更能記住所學的有效動作。因此你若決定要游得更久，那是因為你想針對某一特別技巧加速學習的過程，或是想要將某個動作烙印在肌肉記憶中，免得在長泳或加速時，無法保持學到的動作。在做上述動作時，是否體力也會增強？是的，但是只有在動作技巧獲得改善時，體力才會獲得改善。所以若是拉長泳距，卻在技巧上打了折扣，那就不要這麼做。你只要記住一句話：「永遠不練習掙扎式游泳」。

　　有效訓練法的重要特質，就是每次練習動作技巧時，就等於在自動學習。下一章就來談談如何增進技巧，以及如何學得更多，學得更快。

Chapter **16**

如何快速學習

學習的四個階段

學習任何一種技巧，都要經過四個階段。第一個階段是「不明白自己不勝任」（Unconscious Incompetence），我們做得不對，但不知道原因何在，等我們知道問題所在的時候，就進入第二階段「明白自己不勝任」（Conscious Incompetence）。學習新技巧的時候，需要全神貫注，校正動作，這是第三階段「自覺勝任」（Conscious Competence），此一階段的問題在於你一直在用腦筋專注於動作細節，那就很難游得更快、更平順。

還好，你仍在繼續練習，意識到有些動作已經烙印在自己的身體裡了，例如在游蝶式或蛙式時，雙手打開，頭和身體保持一直線，雙腳呈流線型。這個部分已變成自然動作，那麼就可以分心去注意別的重要細節，例如開始划水前要先抓水等等。這個階段就是「不自覺勝任」（Unconscious Competence）。學游泳要充分瞭解以上四個階段，任一項分解動作若能做到「不自覺勝任」，你就應該馬上進入另一個動作的「自覺勝任」階段。

除了「不自覺勝任」外，第二個可以幫助你進步的重要現象叫做「總和效果」（Chunking）。以下西洋棋為例，據估計要成為大師級可能要10年以上的訓練時間。和一般還不錯的棋士相較，大師厲害的地方在於他能將幾十個或上百個可能的步數「總和」在一起考慮，而不只是思考下一步該怎麼走；一般人想一

步，大師可能已經想到下面十幾步。

　　我們在「自覺勝任」階段，主要靠的是短程記憶，進入「不自覺勝任」時，用的便是長程記憶。因為短程記憶一次只能處理少數幾個訊息，如果要一次處理更多更複雜的訊息時，「總和效果」就很重要了。我們再以閱讀為例，學習閱讀的步驟可能是：（1）按照音節，唸出一每個字；（2）從每行的幾個關鍵字中理解整行的意義，眼睛則從左到右看完一行，再從上至下，看下一行；（3）從全篇文章的線索中找出幾個關鍵句，由此來理解整個段落。學速讀的人也是用這個辦法，只用幾秒鐘便看完一整頁。所以「總和效果」就是一次消化或運用更多更複雜的資訊。

　　「總和效果」如何運用在游泳上？我們假定你開始以「滑行姿勢」學習自由式，剛開始練習滑行時，可能要分頭注意以下10項資訊：

● 用鼻子呼氣的時候是否很安靜？
● 脖子是否放鬆，讓頭「輕置」水中？
● 頭部和脊椎有無連成一直線？
● 伸向前的手有沒有放在「跑道」邊線上？
● 伸向前的手的手指是否略微下垂？
● 另一隻手是否在大腿上方的「口袋」位置？
● 兩隻手臂是否與脊椎成等距？
● 雙腳是否順著身體線的延長線輕輕打水？
● 轉身時，一邊肩膀是否轉出水面？

◖ 身體線是否「緊密」但不緊張？

　　經過10小時檢查上述要點後，你會開始自覺有一種「平衡感」，然後就會進入長程記憶。這種整體的感覺會幫助你在進入「水下換手」或「拉鍊換手」階段時，正確持續地進入恰當的體位。在新的階段中，又重新開始以短程記憶檢驗其他的細節動作。

　　佛羅里達州立大學的心理學教授艾瑞克森（Anders Ericsson）是「高手動作表現」計劃的頂尖專家。他們有一群人在研究：「如果有人非常會做某些事，理由何在？」艾瑞克森和這組專家研究表現超凡的項目包括足球、高爾夫球、外科手術、鋼琴、拼字遊戲、西洋棋、軟體設計、選股，以及射鏢等等，他們的結論是，不管在那一個項目，該行的高手都不是天生的，而是後天訓練學習而來的。

　　舉例來說，他們研究過演奏古典樂的鋼琴家，發現比賽得獎者，在20歲以前，練彈過古典樂10,000個小時以上，而亞軍練習的時間還不到冠軍的一半。但是練習就一定能達到完美的境界嗎？那你如何解釋高爾夫球界的老虎伍茲（Tiger Woods），或者網球界的羅傑‧費德勒（Roger Federer），他們固然稱王稱雄，但很多高爾夫球和網球高手也都苦練不輟，為何只能得到第二名？艾瑞克森在比較這些高手的訓練過程時，找到了其中不同之處。

真正的高手

　　真正的高手不會漫無目的的訓練，或機械式的反覆同一動作，他們進行的是「刻意地練習」（Deliberate Practice），這些高手會訂下明確的目標，持續分析自己的進度，專注於過程，而非結果。在游泳這門技術中，這就代表在以划水次數作為訓練項目前，要先找到划水動作的感覺；在開始做時間訓練前，要先能兼顧划水次數與划水動作的流暢感。艾瑞克森認為：「要練習成績好，很重要的一部分是你一直在學習」。他說，「表現好的高手，總是持續在想辦法將學習與實做整合在一起」。

　　真正高手和一般高手的最後一個差異，可用一句話來表達：「不要讓好成績變成最佳成績的敵人」。一般高手可能很容易滿足於自己的表現，真正的高手卻對自己的成績永遠不滿意，他們永遠都覺得有改善的空間。所以真正高手也就是「改善高手」！

　　坐而言不如起而行，現在你知道「有效練習」的宗旨，也瞭解學習泳技的最佳方法，下一步就是要下水了。以下三章我將會詳細說明自由式章節中所說的三個練習階段。

Chapter 17

發展自覺
——「完全沉浸」訓練法第一階段

　　此一階段的主要目標是開發出「水中智能」。在有地心引力和直立行走的條件下，我們的「陸上智能」對調節平衡和動作很在行；「水中智能」則必須在阻力和水平移動的條件下，調節我們的穩定性。除非我們能克服「人類普遍的游泳通病」這種限制效率的習性（第三章中有介紹），否則游全泳只會增加我們的壞習慣，並阻礙進步。因此，要破除「掙扎式游泳」的舊習，就是從TI的分解動作開始做起。

　　在開始學習每種泳技的分解動作時，應先以好奇心去探討，不要給自己壓力，不要設定多少時間游完多少距離。因為練習分解動作時，只要身體感覺有點不舒服，自然反應就是開始掙扎，肌肉系統就會留下記憶，所以在此階段耐心和放輕鬆是很重要的。

　　李小龍在他的中國武術「聖經」《截拳道之道》（Tao of Jeet Kune Do）中談到，重要的技巧一定要在肌肉仍然「新鮮」的時候來學（他同時也說，「意念和身體完全合一的練習10分鐘，要比無意識地動作10小時還有用」）。對學習武術或舞蹈的人來說，耐心是掌握技巧很自然的要求，但對習泳者似乎不是如此。因此學習TI泳技的前10～20個小時，重要原則就是將專注檢驗自身動作當成是一種習慣，不要去計算游了幾趟，也不要去看計時器，只要專注於本書中所列出的分解動作要點，以及如何節省力氣和增加流線型體位。

　　這種專注於分解動作的練習，可能要花上數周、甚至數個月的時間。前面講解四種泳技的章節中，列

出很多要點及建議，每次下水前都要先回顧一下這些要點。

如何學習分解動作

培養一名精英的游泳選手通常從7歲或8歲就開始，時間長達10年以上，每年都要游約2,000英里（3,200公里）；換句話說，從開始訓練到在奧運得牌，一名選手可能要游地球8圈。原因在於前面所說的，游泳本來就不是人類天生自然會做的事。

如果培養一名奧運得牌選手要這麼辛苦，那我們這些凡夫俗子怎麼辦？既沒有專業的指導，又無法投資這麼多時間在游泳上，答案就在於**分解動作**，這是最快、最有效掌握泳技的辦法。TI的分解動作非常容易學，沒經驗的人也可以很有效率地自我學習。

分解動作簡化了菁英選手學習游泳的過程，這些選手在訓練時一旦感覺到任何動作做對了，就會累積這些正確的經驗，儲存在記憶中，最後這個資料庫會成為一個高效率的划水技巧。至於這些選手為什麼要花這麼長的時間訓練，原因之一就是你無法預知何時才能練成完美的泳技。

多數人學習游泳的時間不多，要靠嘗試錯誤來掌握精微的技巧，實在很沒有效率，因此我們設計了一系列的練習課程，想讓習泳者像專業選手一樣，出現「靈光一現」的領悟。只要你按照我們在前面章節中的教學，就可以創造出自己的「資料庫」，依序找到

快感，而非單純碰碰運氣而已。把各個分解動作練好再練習全泳，身體會將各個部位自然準備好，進入一個可以不斷改善的新階段。以下是一些建議，讓你能夠順利地走上訓練優美又有效率的泳技之路。

確認目標

第一次學習一種新的分解動作時，要多練習幾次，確認這個動作中必須解決的問題。比如說，在練習仰式的舉手分解動作時，要保持身體的舒適感，反覆多做幾次，確保自己能達成目標。接著記住這個動作，然後再反覆練習，直到成為一個自然的反射動作為止。每個分解動作都可以達成二～三個目標，要用同樣的方法讓分解動作逐一完成。

先理解，後感覺

閱讀本書會讓你「理解」人類如何在水中前進。游泳要游得好，一定要深入瞭解自己身體在水中的反應。要建立這種思維與身體的連接，就要以好奇心和耐心來探討每一種新的分解動作，有時甚至可以實驗一些新動作，測試身體的反應或效率。每一次經驗，包括錯誤的經驗，都會讓你更遵循身體的指示，而非腦子的思維去游，進一步讓腦力有餘裕去解決下一個問題。

換氣

　　每次學習新的分解動作時，都要花一點力氣來感覺換氣是否順暢。在專注於挑戰性較高的動作時，不免會憋氣，造成肌肉緊張和失去平順。當你不能立刻吸氣時，吐氣尤其要穩定且安靜（從鼻子吐氣可以增加對換氣的調控）。在兩段游泳之間的休息時，緩慢地深吸一口氣後再輕鬆地吐氣，我們稱之為「潔淨換氣」，這樣可讓你感到身體清爽，精神集中，遠比花時間去看計時器要好多了。

練習距離要短

　　分解動作練習只有在姿勢正確時才有效，如果身體和精神狀態都不佳時，練習效果也會打折扣。練習距離25公尺以下，注意力和動作會最精確，每25公尺休息一下，才能產生和上次一樣或更好的效果。如果效果不對，回頭重溫練習的要點，或者回到前面一項動作，把基礎做得紮實一點。

動作本身才是關鍵

　　專注於身體的感覺，而不是距離或時間。我在練習分解動作時不會太在意計時器，也不會去計算游了多少趟。唯一要用到的時間，是用來區隔不同分解動作的練習時間，比如說以12分鐘練習一個分解動作，

時間到了就練習下一個。但你如果覺得感覺已很接近
了，或馬上要有突破進展了，當然可以重複原來的動
作。

試試全泳

　　一個分解動作練習10～15分鐘後，可以小試游
一下全泳，感覺一下分解動作在全泳中是什麼滋味？
兩者相較何者為佳？全泳是否更輕鬆？即使全泳未盡
完善也沒有關係，你會因此察覺問題的所在，更能幫
助你改善。不過不要持續做不完善的全泳，應該再回
到分解動作去加強基本功夫。

　　如果可以持續不斷地練習全泳或局部分解動作達
10～15分鐘，可能就可以進入下一個階段練習了。即
使如此，仍要記得應常常回到第一階段的練習，當然
你的目標可以再提高一些，或者找一些更難的動作，
以同樣的方法來練習。

Chapter 18

學習全泳——

「完全沉浸」訓練法第二階段

　　我在40出頭的時候，得過幾次全國成人泳賽的獎牌，當時覺得自己的泳技已經到達頂端了，但10年之後，因為兩次手術與一次自行車意外，導致我必須縮減訓練的時間，反而得到出乎意料的突破。我有幾個月的時間，只能做最簡單與最溫和的分解動作練習，接下來的幾個月也只能游緩慢的全泳，結果竟讓我的自由式有戲劇性的改善。所以，從第一階段有耐心的分解動作練習，進到第二階段的全泳，也要用這樣的方式，不要只是想學新的動作，而是要將「時時自我檢視」變成一種習慣。

　　從分解動作到全泳並非一蹴可幾，而是一個漸進的過程；先游分解動作25公尺，然後全泳從25公尺增至50公尺、75公尺或100公尺。在游全泳的時候，要注意去體會是否能維持游分解動作時所帶給你的愉悅感，如此逐漸調高游全泳的比例。

　　在技巧逐步改善時，游全泳的改善空間也相對加大。分解動作的好處在重點加強某一特殊的技巧，例如，在自由式抓水時手指先下垂，而游全泳時則可加強2～3個技巧的整合，例如換氣的同時仍保持手指下垂等等。但這種整合不是按下一個自動鈕便可以做到，還是必須經過若干目標明確的訓練過程。以下就提供一些訓練方法，幫助你每次游泳都能獲得改善。

　　就拿剛才所說的游自由式換氣時前伸手指下垂為例，一開始的時候，你先以慢速游8次25公尺，然後逐步增加次數，或者增加至50公尺，目標是要保持一貫性，在游50公尺的32次划水裡，每一次都記得要手

指下垂且耐心地抓水。等到已養成習慣,甚至開始有
點厭煩了,此時便可增加速度,看看能否保持這個習
慣。如果要練到參加比賽時仍保持此一習慣不變,可
能要為時數年。

　　這只是我所謂「整合」的一個例子,如果你的重
點是「整合」雙腿打水和手指下垂,也可以用上述的
辦法來練習。

　　我前面談的是如何自分解動作過渡到全泳,以下
是第二階段的綜合性目標:

・持續放鬆地游全泳
・全身保持平衡,身體線要長且平順
・換氣時不影響全身的姿勢、動作時機和各部門的
　整合
・抓水、定錨,而非推水
・不論那一種泳技,25公尺的距離,划水數上下限
　都不超過3～4次的範圍(例如游25公尺,不超過
　12～15次)

　　你有沒有發現我根本沒有提到時間或速度?這是
因為第二階段主要就是練習穩定執行游全泳的各種動
作,不是規定你不准使用計時器,而是計時是次要的
工作。我們在第二階段主要的計算目標是划水次數,
而不是時間,時間的計算是屬於第三階段的訓練。

練習要旨

　　分解動作是一種重要的工具，讓你知道有效率地游全泳是什麼感覺，這就好像藏身在一個高段選手的身體裡，假想是你在游泳的感覺。在分解動作／游全泳的套裝練習過程中，要問自己「這個分解動作和一般游泳時比起來，帶給我什麼不同的感覺？」抓住那個感覺，並帶到全泳中去，如果你找不到那種感覺，那就再恢復練習分解動作。

　　用這種方式練習，你若可以帶著分解動作的感覺用全泳游得更久，此時就可以切換到另一個練習要點。分解動作所佔的比例可能每天都不同，只要你覺得有點累，或者游得不順暢，那麼就練習更多的分解動作；如果你覺得神清氣爽，感覺敏銳，就練習全泳久一點。要知道，即使是優秀到可以去紐約卡內基音樂廳演奏的音樂家，平日仍要作基本的音階練習，所以要從分解動作晉升至游全泳，唯一的標準就是「絕不可有掙扎的動作」。

專注力

　　在做分解動作／全泳的套裝訓練時，當你覺得可以把分解動作放在一邊的時候，請記住一定要專注於分解動作時產生的感覺，並將其帶到全泳中。此時要將所有雜念都拋開，這種對動作的專注，而非分神去注意距離、時間、速度，是套裝游泳的核心目標，我

們稱之為「專注游泳」(Mindful Swimming)，其原理如下：

　　如果過去你以低效率的動作游了幾年自由式，尤其是回手時老向外甩，這已經變成你「長程記憶」的一部分，此時你得花相當功夫才能把這個動作改掉。首先，你要從第一階段的「拉鍊換手」開始，然後進步到第二階段游全泳時手臂抬起像一個「木偶手臂」。

　　剛開始你會覺得這種新的技巧很不習慣，而且一不注意，手又會回到以前的習慣向外甩，但是一旦專注在這個動作上，你就會覺得愈來愈舒適自然。花個15分鐘全神貫注於此，則將來可以不自覺地做出此一動作的機會將會大增；每次花15分鐘練習這個動作，它就愈有可能變成一個完全屬於你的常態動作。

　　如果你有系統地練習各章中所提到的不同要點，那麼游全泳的複雜挑戰，就變得可以掌握，同時也是個舒適的任務。這種每小時、每周、每月目標明確的練習，使各項技巧都可以獲得個別的磨練，也更能與其他動作整合成一體，讓你不至對於泳技的複雜感到卻步。

　　要花多少時間才能讓新學的泳技趨於完美而長久？答案是一輩子！你可以永無休止地追求完美，但是要將一項技巧嵌入腦海，也就是不要思考就可以做得出來，我的直覺判斷是要50,000公尺。我的意思並不是你接下來的2,000趟訓練都只練習「木偶手臂」的動作，而是說若你要將這個動作深印在你的「長程

記憶」裡，恐怕要以此為目標，游個50,000公尺才辦得到。

專注游泳練習要點

在學習一個新的分解動作時，每個練習要點都要先練15分鐘，才換到下一個要點。個別的要點嫻熟以後，更換要點來練習的頻率也會愈來愈高。以下舉一個例子來談談如何整合三個練習要點來做「專注游泳」的練習，使你的自由式在回手和入水時更輕鬆、更有效：

密集訓練

300公尺木偶手臂+100公尺跳過耳朵+100公尺投寄信箱

數週後：偶爾練習

3個回合的：100公尺木偶手臂+100公尺跳過耳朵+100公尺投寄信箱

數月後：零星練習

12×75公尺（包括25公尺木偶手臂+25公尺跳過耳朵+25公尺投寄信箱）

在新的練習要點尚未熟練之前,密集訓練最為有效,這段時期間久一點可加強你對技巧的掌握,也可提高對細節變化的注意力。等到對新要點的感覺和姿勢都進入長程記憶後,你的腦子便可以處理新的技巧和要點了。若能不時更換各種技巧,便可加速從「短程記憶」轉入「長程記憶」,或可稱之為轉化成「自動化」的動作;反過來說,若從「密集訓練」太早跳入「偶爾練習」,便有可能發生記住一些不完整技巧的風險。

開放水域練習

練習此一階段泳技要點的最佳場所之一便是開放水域,在游泳池內做「專注練習」的缺點如下:你踢離池邊開始專注練習木偶手臂,游了10～12次,正在你覺得順手的時候,已游到對岸,你得停下來從頭來過。如此每次都在你開始有感覺的時候就戛然而止,所以50公尺的游泳池比25公尺好,最好再長一點,比如一個平靜的水庫,一個小湖等等。

在開放的水域中,你可以充分享受游泳的快樂感覺,也可以連續不斷地重複若干動作而不受干擾。在開放水域你也找不到計時器,反而能專注地練習泳技要點,也為將來在開放水域游長泳打下基礎。

計算划水數

TI訓練和傳統水上活動最大的不同便在於划距（SL），在做「專注練習」時，要偶爾比較幾種不同要點的效率。所以你要：（1）計算划水數；（2）距離拉長時，維持有效划水數或在距離縮短時划水次數降低。

你未必能每次都達成預設的划水數目標，但就算沒做到，也會更清楚問題出在那裡。

瞭解你的划距

在沒有練習分解動作或「專注練習」的時候，每次都要計算自己的划水數，這樣做會讓你實際瞭解自己的效率。游50公尺若耗時45秒，則划水數是多少？游48秒時，划水數是多少？游100公尺時划水數又是多少？這樣你就可以設定自己每次游泳的效率目標。這些目標未必一定是降低划水數的絕對值，可以設定為：（1）如何降低因為速度加快而增加的划水數；（2）如何降低因距離拉長而增加的划水數。

維持你的划距

經過練習和測試，你多少瞭解自己划水次數的上下範圍，就可以用這些數字來保持增長距離的效率。有個簡單的辦法就是「階梯式」練習，一段比一段距

離長，以下舉幾個例子：

游3～4個回合的：25＋50＋75＋100公尺，每游一段，「潔淨呼吸」3～5次；一回合游完，休息1～2分鐘。你的目標是從25公尺進階到100公尺，每段都要盡量降低划水次數。用數字來說，若游25公尺需划水12次，游100公尺是否仍能維持同樣的比率？

游1～3個回合的：50＋100＋150＋200公尺。每段之間「潔淨呼吸」4～6次，每一回合之間休息2～3分鐘。

這個練習的距離比前面多1倍。在游短距離時，可試著減少每趟的划水數，挑戰性會較大，之後距離拉長時，看看能否仍維持同樣的SPL。等到游200公尺、每趟划水次數都很穩定時，再回頭去游25公尺或50公尺，但把划水數減少1次。在這個階段速度仍不重要，重要的是長距離仍能保持平順、穩定地划水。

如果你要練習速度，可以把「階梯式」練習倒過來做，游1～3回合的：200＋150＋100＋50公尺。

當目標是游較短距離時，仍維持游200公尺的每趟划水次數。假定你游200公尺時SPL為16次，那麼以此SPL游100或50公尺時，速度應會比游200公尺或150公尺時更快。從這裡應可看出建立和維持有效率划距的重要性：划距是以相對較少的力氣來增加速度的基礎。

進階技巧—「完全沉浸」訓練法第三階段

在第二階段我們強調的是提高效率,而第三階段則是學習如何在不多花力氣的情況下,游得更遠、更快,並且要讓自己具備以下幾項能力:

- 任何時候都達到自己設定的每趟划水次數(SPL)
- SPL增加時,要游得更快
- 距離增加時,舒適地維持SPL不變
- 使用計時器來測知增加速度的「效率成本」

第三階段練習要點

第三階段永無止境,不管你的游泳成就有多高,此一階段的訓練可終生進行。以下先告訴你如何調整第一、二階段的練習方法來幫助我們進入第三階段。

基本分解動作的練習

只要你持續游泳,分解動作的練習就很有價值,但隨著練習時間增加,應可從更高階的分解動作中學到更多,因為這些分解動作可以幫助你整合不同的技巧。同時你也可以用基本的分解動作來解決若干特殊的問題。以仰式為例,我發現自己左手入水時,水花總是濺在我的臉上,這表示那個時刻我的平衡有問題,於是我繼續練習身體流線型和局部抬手兩個基本動作,將左手置於頭前伸直,以此來校正平衡。但同時我又發現做換手基本動作最能幫助我增加速度,所

以練習基本動作時要不時練幾回全泳，將基本動作立刻運用在全泳裡。

練習「基本分解動作」的最佳時機為：

· 暖身 在精神和肌肉都還很「新鮮」的時候，學習能力最強
· 套裝練習之前 先來幾次基本動作演練，可以讓肌肉肉更有效率
· 套裝練習之後 可以幫助你恢復體力，以及因激烈活動而減低的效率
· 獨家練習法 如果你是和一個團隊一起練習，而教練又沒有意見的話，別人都抓著浮板練踢水，你可以利用此時做些基本動作練習

專注游泳

當你的技巧逐漸改善，經驗日增後，可以挑些專門解決某些問題的要點來練習。我在2006年的前5個月，游自由式的要點便是專注於往左換氣時，右手能牢牢地抓水，撰寫此書的前4個月則專注於將腳的踢水和手矛入水做更好的整合。

儘管我游各式泳技已數十年，但最近我又有許多新想法，於是我又回到第二階段的練習，可能還會練個數年之久。我會將注意力分配在蝶式、仰式和蛙式的幾個練習要點上。

練習「專注游泳」的最佳時機為：

・**暖身** 原因和前述基本分解動作相同
・**套裝練習之前** 練習基本分解動作之後，用「專注游泳」練習幾個要點，再開始套裝練習
・**套裝練習時** 如果套裝練習的目的是增加速度，我會試著將一些在慢速時已熟練的技巧，應用在快速度的游泳上。如果目的是增加距離，則我會試著去加強若干技巧的精準度
・**套裝練習後** 道理和上述基本分解動作時的情況相同

計算划水數

在第三階段，重點不在於降低SPL，而是嘗試不同的划水數而仍能保持效率；同時也要能在一定距離內，每增加1或2次划水數時，仍保持效率並達到應有的速度。

如果你在第二階段就開始計算划水數，可能會想，究竟最適合的划水數是多少。其實最佳划水數（也就是在一定距離或時間內，最省力的划水數）因人而異。以下提供一個自由式計算公式，依據你的手臂長度和踢離岸邊的距離，來推測你的「最佳效率」划水數。這個數字是以慢速、短距離的方式來游自由式時的目標划水數，如果你想加速的話，也可再加2～3次划水數。

25碼的游泳池：高效率的SPL＝12×（L－P）／A

25公尺的游泳池：高效率的SPL＝（L－P）／A

SPL＝每趟划水次數

L＝游泳池長度（英制或公制）

P＝踢離池邊，雙手不動的前進距離（英制或公制）

A＝雙臂張開，從手腕到手腕的長度（英制或公制）

　　我身高6英尺，雙手張開從手腕到手腕橫寬57英寸；我踢離起點潛泳平均15英尺，在75英尺的游泳池中，按照上面的公式計算，我游完剩下的60英尺（20碼），需要12.6次高效率的划水。事實上，我以慢速、專注要點的方法游完75英尺，約需12～13次划水，如果游得快些，可能要14～15次，這也是我準備用來參賽的數字。我游仰式的划水數比自由式多1次；蛙式則是自由式SPL的一半；蝶式又比蛙式多1次。

　　要記得我在第五章中所說的，高效率的SPL是你游泳的最低划水數，應該要平滑、省力、安靜。如果你無法做到從上述公式推算出來的划水數，沒關係，不必勉強，你可以耐心回去練習分解動作和「專注游泳法」，直到能輕鬆、有節奏、有效率地游出預定的划水數為止。

增加SPL次數

　　這個標題看起來，好像是我要建議你放棄好不容易建立起來的效率，當然不是。如果你做到了我們前面所說的高效率游泳，你的划水計數就是一種有訓練、有計劃的活動，不僅可以調整心肺功能，也會養成極佳的習慣。要把效率轉換成速度，那麼就要有效率地增加划水數，而不是單純地加快手臂動作而已。我們設計的訓練是要讓你將提高SPL當成一個刻意的選擇，而不是漫不經心的意外，而且真的能讓你加速，而不是疲勞。

　　你要把這種訓練想成是騎自行車或開車時的「加速檔」。你的高效率SPL（我們姑且稱之為「N」）是第一檔，加1次划水（N+1）就進到第二檔，再加1次划水（N+2）就再進到第三檔。在一個25公尺的池子裡，進到第三檔對大多數初學者來說，也就差不多了；技巧如果純熟些，可能還可以用自由式或仰式加到第四檔。

　　你要持續做這種練習，就好像一個學鋼琴的學生練習音階訓練，直到每次都能熟練且正確無誤地敲到每一個琴鍵為止。你也要具備這種能力，做到每次都能準確無誤地依照所選擇的划水數為止。

　　這些訓練的目標是：（1）在所選擇的範圍內，每一次划水都平順而有效率；（2）在所選的距離和估計的時間內，準確地達成自己設定的划水數；（3）平順而省力地增加划水數，自然地加快速度。

換上加速檔的套裝練習

以下是給初學者改變自己SPL、測試能力的建議，進階者可將距離加倍。

全泳 25公尺＋50＋75＋100，每游完一段，「潔淨呼吸」3～5次。

計算你游25公尺的划水數，然後用同樣的節奏和力氣來游其他三段，看看SPL有什麼變化。如果你游25公尺、划水15次，那麼游50/70/100公尺，划水數可能會高於30/45/60，去感受一下差異在那裡。下次練習這套訓練時，可否再減低若干划水數？把你的划水數記錄下來作為日後的參考。

全泳100公尺＋75＋50＋25，每游完一段，「潔淨呼吸」3～5次。

先輕鬆游個100公尺，計算你的划水數，再除以4，這就是你游其他三段的「N」指數。假設你游100公尺划水72次，你的「N」就是18SPL（72除以4趟）；再游75/50/25，看看划水數是否低於54/36/18。

全泳25公尺＋50＋75＋100，每段中間「潔淨呼吸」3～4次。

這次專注於某些要點，例如前伸的手有耐心或者專注於降低噪音，游得愈安靜愈好，看看這些要點是否影響你的效率。

游4到6趟3×25公尺，每段中間「潔淨呼吸」3～5次，每趟中間休息30秒。
第一趟3×25　分別用N－（N＋1）－（N＋2）的划水數
第二趟3×25　分別用（N＋2）－（N＋1）－N的划水數
第三趟3×25　分別用N－（N＋1）－（N＋2）的划水數
第四趟3×25　分別用（N＋2）－（N＋1）－N的划水數

前面的兩趟要設法掌握SPL，看看如何調整時間才能在游抵池邊時，剛好是你設定的划水數。第二趟是減少划水數，作用正好與第一趟相反。第三、第四趟則可測試在一定的划水數下究竟能游得多快。在以時間為測試目標時，（1）暫時不用計時器，先用身體來感覺速度的增加；（2）每段中間可以盡量休息。

游2到4趟3×50公尺，每50公尺「潔淨呼吸」5次；每趟中間休息30～60秒。
第一趟：以N先游25公尺，再以N＋1游25公尺
第二趟：以N＋1先游25公尺，再以N＋2游25公尺
第三趟：以N＋2先游25公尺，再以N＋3游25公尺

第一次練習這個套裝的時候，設法輕鬆地達成預

定的划水數目標。接下來就要力求平滑順暢,只要你覺得舒適,就可以再增加趟數。接下來就專注於幾個要點,不過每一趟只專注於單一要點,不要貪多。每趟中間,穿插100或200公尺的分解動作練習,等到真的熟練且輕鬆了,甚至可省掉每趟中間的休息。此一套裝再往上發展就是加至75五公尺,以N,N+1,N+2游第一趟的3×25公尺,再以N+1,N+2,N+3游下一趟的3×25公尺。

這種套裝訓練的目的是讓你專注有耐心地練習,直到你在睡夢中都可以準確完成預設的划水數,而且全程感覺控制得宜且平順。

最後,如果你已經練到所有的套裝都簡單到不耐煩的程度,以下是倒轉調整SPL的終極測試:以N+2游25,N+1游25,N游25的遞減方式游50公尺或75公尺。

綜合計分

直到目前為止,我們都在建議你專注於動作的品質以及調整SPL,要完成我們的訓練,最後一步就是要用計時器來測量你的游泳效率。在使用計時器的同時,別忘了還是要保持一貫的高效率。能做到這個目標的最佳工具就是計算綜合分數。

綜合計分的方法,就是計算你游25公尺或50公尺的划水數,再加上所需時間的秒數即得。因為以各種組合的方式來計算綜合分數可幫助你以最快速度、

最高效率來完成目標。

下面舉幾個例子：

（1）游三趟4×50公尺，每趟都以同樣的時間完成，但每50公尺就減1次划水數。

（2）游三趟4×50公尺，每趟都以同樣划水數完成，但試著增加速度。

（3）游幾趟50公尺，找到你的最佳綜合分數，然後回頭練習幾個分解動作再去游全泳並計分，看能否降低原來的分數。

（4）游幾趟50公尺，每次都專注於一個練習要點，找到你的最佳分數，然後換一個練習要點，再比較兩者之間的綜合分數。

（5）挑選任一種泳技以及最好的分數，往上加3或4，以此新分數看你能比平常多游多少趟。舉例來說，我以自由式游50碼，最佳綜合分數為57，我有的時候就用60、61或62來測試自己的潛力。

（6）兩種泳技混著游。舉例：蝶式25公尺＋仰式25公尺的50公尺綜合分數為何？或仰式25公尺＋蛙式25公尺的綜合分數為何？

本書至此已講解完我們終生學習游泳的課程，這套學習方法可讓你學會各種泳技，豐富你的游泳經驗。雖然我們還沒有介紹有關體能訓練的部分，但截

至目前為止所談的應足以讓你有效率地學習游泳到一
定的水平。如果你能完整地依照這套課程循序漸進，
我們保證你可以增加耐力並提高速度。

　　當然，還有很多其他訓練課程可供參考，但本書
所提供的訓練方法應可讓絕大多數泳者長時間積極有
效地沉浸其中。就在你使用本書開始學游泳的時候，
我們也要開始寫另一本書，告訴大家如何訓練我們的
肌肉和心肺系統。

　　祝各位游泳愉快！

輕鬆有效的魚式游泳

2007年3月初版
2018年10月初版第二十一刷
有著作權‧翻印必究
Printed in Taiwan.

定價：單書新臺幣300元
書加DVD新臺幣2800元
DVD新臺幣2500元

著　　　者	Terry Laughlin	
譯　　　者	項　國　寧	
叢書主編	林　芳　瑜	
	賴　郁　婷	
特約編輯	蘇　晨　瑜	
整體設計	林　恆　如	

出　版　者	聯經出版事業股份有限公司	總編輯	胡　金　倫	
地　　　址	新北市汐止區大同路一段369號1樓	總經理	陳　芝　宇	
編輯部地址	新北市汐止區大同路一段369號1樓	社　長	羅　國　俊	
叢書主編電話	(02)86925588轉5318	發行人	林　載　爵	
台北聯經書房	台北市新生南路三段94號			
電　　話	(02)23620308			
台中分公司	台中市北區崇德路一段198號			
暨門市電話	(04)22312023			
郵政劃撥帳戶第0100559-3號				
郵　撥　電　話	(02)23620308			
印　刷　者	文聯彩色製版印刷有限公司			
總　經　銷	聯合發行股份有限公司			
發　行　所	新北市新店區寶橋路235巷6弄6號2F			
電　　話	(02)29178022			

行政院新聞局出版事業登記證局版臺業字第0130號

本書如有缺頁，破損，倒裝請寄回台北聯經書房更換。　ISBN　978-957-08-3133-7 (平裝)
聯經網址 http://www.linkingbooks.com.tw　　ISBN　978-957-08-3134-4 (平裝書＋DVD)
電子信箱 e-mail:linking@udngroup.com

Extraordinary Swimming for Every Body © 2006
All rights reserved.

Swimming Made Easy © 2003 All rights reserved.
Better Fly For Erery Body © 2006 All rights reserved.
Breaststroke For Every Body © 2006 All rights reserved.
Backstroke For Every Body © 2006 All rights reserved.

國家圖書館出版品預行編目資料

輕鬆有效的魚式游泳 / Terry Laughlin 著 .
　項國寧譯 . 初版 . 新北市：聯經，2007 年
　（民 96）；200 面；16.5×21.5 公分 .
　譯自：Extraordinary Swimming for Every Body
　ISBN　978-957-08-3133-7（平裝）
　ISBN　978-957-08-3134-4（平裝書＋DVD）
　［2018年10月初版第二十一刷］

　1.游泳　　2.游泳 - 教學法

528.96　　　　　　　　　　　　　　　　96003687